Inklusion gestalten

Carmen Dorrance (Hrsg.)

1. Auflage 2014

Carl Link

ISBN 978-3-556-06741-3
Art.-Nr. 6741002

Der Inhalt dieses Werkes, alle Vorschriften, Erläuterungen, Anregungen und weiterführenden Fachinformationen, ist mit größter Sorgfalt zusammengestellt.

Dies begründet jedoch nicht einen Beratungsvertrag und keine anderweitige Bindungswirkung gegenüber dem Verlag. Es kann schon wegen der nötigen Anpassung an die individuellen Gegebenheiten des Einzelfalls keine Gewähr für Verbindlichkeit, Vollständigkeit oder auch Fehlerfreiheit gegeben werden, obwohl wir alles tun, einen aktuellen und korrekten Stand zu erhalten. Alle Rechte vorbehalten. Das Werk einschließlich aller seiner Teile ist urheberrechtlich geschützt. Jede Verwendung außerhalb der engen Grenzen des Urheberrechtsgesetzes ist ohne Zustimmung des Verlages unzulässig und strafbar; dies gilt insbesonder für Kopien, Vervielfältigungen, Bearbeitungen, Übersetzungen, Verfilmungen oder die Speicherung in elektronischen Programmen und Systemen.

© Wolters Kluwer Deutschland GmbH, Köln, Kronach (2014)

Verantwortlich:
KiTa aktuell
Sulzengasse 2A, 1230 Wien
E-Mail: service@kita-aktuell.at
Internet: www.kita-aktuell.at

Satz: MainTypo, Frankfurt am Main
Druck: SDK Systemdruck Köln GmbH, Köln

Inhalt

Einleitung *(Carmen Dorrance)* 7

1. **Die Inklusionsforderung in der UN Behindertenrechtskonvention (UN-BRK) und ihre Bedeutung für die Entwicklung von Kindertagesstätten** *(Sylvia Feußner)* 11
   - 1.1 Art. 7 und 24 der UN-BRK und das Recht auf Bildung für alle Menschen 11
   - 1.2 Inklusion – eine vielseitige Herausforderung für Kindertagesstätten 14
   - 1.3 Die Kompetenzen einer pädagogischen Fachkraft für eine qualitativ hochwertige inklusive Pädagogik 20
   - 1.4 Zusammenfassung 23

2. **Inklusion als Merkmal struktureller Entwicklung** *(Alexandra Schmitt)* 25
   - 2.1 Von der Integration zur Inklusion 25
   - 2.2 Zusammenfassung 30

3. **Prozess der Inklusion** *(Arne Köster)*
   - 3.1 Phase 1: Mit dem Index beginnen 31
   - 3.2 Phase 2: Die Einrichtungssituation beleuchten 33
   - 3.3 Phase 3: Einen inklusiven Plan entwerfen 34
   - 3.4 Phase 4: Den inklusiven Plan in die Praxis umsetzen 35
   - 3.5 Phase 5: Den Index-Prozess evaluieren 35
   - 3.6 Zusammenfassung 36

4. **Inklusion als Merkmal der Organisationsentwicklung in Kindertageseinrichtungen** *(Alexandra Schmitt)* 39
   - 4.1 Inklusive Leitlinien etablieren 39
   - 4.2 Eine Einrichtung für alle entwickeln 40
   - 4.3 Unterstützung von Vielfalt organisieren 41

Inhalt

5. Inklusion und die Bedeutung von Haltungen in Kindertageseinrichtungen *(Arne Köster)* 43
    5.1 Gemeinschaft bilden 44
    5.2 Inklusive Werte verankern 48
    5.3 Zusammenfassung 51

6. Inklusion als Merkmal der pädagogischen Praxis in Kindertageseinrichtungen *(Arne Köster)* 53
    6.1 Spiel und Lernen gestalten 53
    6.2 Ressourcen mobilisieren 56
    6.3 Zusammenfassung 57

7. Die inklusionsorientierte Kindertageseinrichtung und ihre Vernetzung im Sozialraum *(Christof Balling)* 59
    7.1 Sozialraumorientierung und -gestaltung als Leitungsaufgabe 59
    7.2 Praktische Konsequenzen inklusiver Sozialraumorientierung 60
    7.3 Schnittstellen zum schulischen Bildungssystem 63
    7.4 Zur Bedeutung von Diagnostik in einer inklusionsorientierten Kooperationspraxis 69

8. Inklusion und Bildung in der Kindertageseinrichtung *(Sylvia Feußner)* 73
    8.1 Die Bedeutung von Bildung in einer Kindertageseinrichtung 77
    8.2 Die Realisierung von Bildungszielen in einer Kindertageseinrichtung auf dem Weg zur Inklusion 79
    8.3 Zusammenfassung 82

9. Wer ist schon normal? Der diagnostische Normalitätsbegriff im Widerspruch zur inklusiven Wertschätzung von Vielfalt *(Julia Bastian, Esther Michel)* 84
    9.1 Istzustand: Förderung von Normalität 87
        Der diagnostische Normalitätsbegriff 84
        Umgang mit »auffälligen« Kindern 85

9.2	Zukunftsvision: Förderung der Vielfalt	87
9.3	Zusammenfassung	90

10. Insgesamtkinder in der AllerleiMenschenSchule. Eine Untersuchung aus der Perspektive der Kinder *(Sigrid Conrad)* 91

    10.1 Das Bild vom Kind 93
    10.2 Das Kinderpanorama 104
    10.3 Zusammenfassung 111

Literaturverzeichnis 113

Autorinnen und Autoren 127

Einleitung

Carmen Dorrance

Die Umsetzung der menschenrechtlich begründeten uneingeschränkten Teilhabe gemäß der UN-Behindertenrechtskonvention (UN-BRK) verlangt nach konkreten Konsequenzen auf unterschiedlichen Ebenen. Dies gilt nicht nur für die gesellschaftliche Gestaltung politischer Teilbereiche wie Arbeit und Soziales oder Bildung, sondern auch für jede einzelne Bildungseinrichtung. Kindertagesstätten als Orte von Betreuung, Erziehung und Bildung in öffentlicher Verantwortung stehen dabei nicht weniger auf dem Prüfstand als Schulen oder Hochschulen.

Wie ausgeprägt ist die Willkommenskultur in einer Kindertagesstätte? Wie steht es um die Anerkennungspraxis und den wechselseitig gezollten Respekt aller in ihr wirkenden Akteure? Welche Bedingungen für Selbstbestimmung und Teilhabe herrschen vor und wo liegen die Grenzen und Hindernisse, die dem entgegenstehen? Wie gelingt es strukturell, konzeptionell und praktisch auf die individuell unterschiedlichen Bedürfnisse und Bedarfe aller Beteiligten einzugehen? Und wie wird mit identifizierten Barrieren und Konflikten verfahren? Besteht eine konsensuelle und ausgeprägte Bereitschaft, die schlicht gegebene Tatsache der Vielfalt (bezogen auf die Kinder ebenso wie auf Mitarbeiter/innen) wertzuschätzen und als Grundlage fachlichen (und organisatorischen, verwaltungsmäßigen etc.) Handelns anzuerkennen?

Fragen, die sich stellen, wenn Inklusionsorientierung zu einem Kernbestandteil von Organisationsentwicklung und Qualitätssicherung werden soll. Sich auf einen solchen Weg zu begeben – und ihn konsequent zu verfolgen – ist gesetzliche Verpflichtung ebenso wie fachlich gebotene Aufgabe. Der Titel *Inklusion als Leitungsaufgabe* versteht sich dabei nicht als Plädoyer für eine interventionsgesteuerte Leitlinienvorgabe von oben – Inklusion quasi als einseitiger Top-Down-Prozess. Vielmehr sind die oben aufgeworfenen Fragen, die sich im Zusammenhang einer anvisierten Inklusionsorientierung stellen, nicht anders als partizipativ unter Einschluss aller beteiligten Akteurs- und Handlungsebenen zu bearbeiten und zu beantworten.

Inklusionsorientierte Leitung wird also zu einer von allen Beteiligten gemeinsam getragenen Entwicklungsaufgabe. Sich dem Prozess zu stellen, scheint jedoch unhintergehbar und keineswegs eine bloße Option zwischen unterschiedlichen Wegen zu sein, als besonders diagnostizierten Zielgruppen selektiv zu begegnen.

Der Grund der hier behaupteten Alternativlosigkeit einer reflexiven Inklusionsorientierung als Basis zukünftiger Organisationsentwicklung und Qualitätssicherung in der Kindertagesstätte liegt in der menschenrechtlichen Fundierung uneingeschränkter gesellschaftlicher Teilhabe, der sich Bund und Länder durch die Ratifizierung der UN-Konvention über die Rechte von Menschen mit Behinderung (UN-BRK) [org. Convention on the Rights of Persons with Disabilites – (CRPD 2006)] im Jahre 2009 unwiderruflich verschrieben haben.

Es geht also um anderes – und um weit mehr – als um die Herstellung institutioneller Voraussetzungen, Kinder mit (bestimmten) Behinderungen und chronischen Erkrankungen mal zu integrieren, mal einem (vorgeblich) geeigneteren und angemesseneren Ort der Betreuung, Bildung und Erziehung zuzuweisen. Es geht um die Bereitschaft, die eigenen institutionellen Bedingungen dahingehend zu überprüfen (und zu verändern), dass sie als angemessen und geeignet erscheinen, auf die individuellen Bedürfnisse und Bedarfe *aller* Akteure (Kinder wie Mitarbeiter/innen) zu reagieren.

Der vorliegende Band versucht dieser Herausforderung in doppelter Hinsicht zu entsprechen: Einmal stellen die Beiträge selbst Resultate von (studentischen) Bildungs- und Reflexionsprozessen dar, insofern sie von Studierenden stammen, die teils aus einem berufsbegleitenden Studiengang inklusiver Frühpädagogik hervorgingen, teils einem BA-Studiengang »Soziale Arbeit« angehörten und dabei über (in unterschiedlichen sozialen Bereichen angesiedelte) berufliche Vorerfahrungen verfügten. Somit sind die Beiträge selbst als Resultate von Reflexionsprozessen zu lesen, die eigene Praxisperspektiven mit theoretischen wie methodischen (inter)disziplinär angereicherten Positionen der Integrations-/Inklusionsforschung in Verbindung bringen.

Auf diese Weise ist nicht so sehr ein Lehrbuch, sondern – und das wäre die zweite Zielrichtung, der sich der vorliegende Band verschreiben möchte – eher eine Art Arbeitsbuch entstanden, das unterschiedliche Dimensionen der Beschäftigung mit Inklusion als Herausforderung für die Veränderung und Entwicklung von Kindertagesstätten herausarbeitet und sichtbar werden lässt.

Sylvia Feußner beginnt mit einer Analyse der UN-BRK und deren Bedeutung für die Entwicklung von Kindertagesstätten. Bereits hier wird deutlich, dass Kindertagesstätten als Förder- und Betreuungsorte im vorschulischen Kindesalter nicht ausgenommen werden können, wenn die

Umsetzung des Geistes der UN-BRK ernst genommen werden soll und die Bedingungen des Aufwachsens selbst in Bezug auf Teilhabebarrieren überprüft werden.

Alexandra Schmitt betrachtet strukturelle Entwicklungen und Bedingungen von Integration im Elementarbereich und unterzieht diese einer inklusionsorientierten Kritik. Die gesamtgesellschaftlichen wie bildungssystemischen Bedingungen stellen quasi den übergeordneten Rahmen dar, in dem eine konkrete Einrichtung wie eine Kindertagesstätte agiert.

Arne Köster erläutert auf der Basis des *Index für Inklusion*, wie inklusive Prozesse in sozialen Einrichtungen initiiert, geplant und durchgeführt werden können. Die vom *Index für Inklusion*, der auch für Kindertagesstätten adaptiert wurde, vorgeschlagene Vorgehensweise versteht sich als partizipativer Reflexionsprozess zur Selbstevaluation und inklusionsorientierten Qualitätssicherung einer Einrichtung. Es handelt sich dabei um eine niedrigschwellige und leicht handhabbare Hilfestellung, die Wahrnehmung von Vielfalt und Differenz zu schärfen und ergebnisorientierte Veränderungsstrategien zu entwerfen.

Im Anschluss daran thematisiert *Alexandra Schmitt* Inklusion als Merkmal der Organisationsentwicklung von Kindertagesstätten. In diesem wie in den folgenden Beiträgen dient die Logik des *Index für Inklusion* (Booth/Ainscow, dt. Boban/Hinz) als Orientierung und Anregung, sowohl Dimensionen wie Strategien eines inklusionsorientierten Organisastionsentwicklungsprozesses zu erarbeiten.

Arne Köster begreift in den beiden folgenden Abschnitten Inklusion als Haltungsfrage und als Element praktischen erzieherischen und pädagogischen Handelns. Damit wird deutlich, dass sich Inklusionsprozesse in einer Einrichtung in dreierlei Hinsicht dimensionieren lassen: Inklusive Strukturen entwickeln, inklusive wertorientierte Haltungen fördern und eine inklusive Handlungspraxis etablieren.

Im Beitrag von *Christof Balling* geht es darum, zu verdeutlichen, dass Inklusion letztlich kein isoliertes Qualitätsmerkmal einer Einzeleinrichtung sein kann (weshalb auch die vorschnelle Rede von der *inklusiven Schule* oder der *inklusiven Kindertagesstätte* mehr als problematisch erscheint), sondern eher als kennzeichnendes Strukturmerkmal für Sozialräume zu sehen ist – denn Inklusion (biografisch) erleben zu können, ist daran geknüpft, dass nicht vereinzelte voneinander isolierte Inseln partieller Integration das Aufwachsen kennzeichnen, sondern die kindliche Lebenswelt insgesamt von Teilhabebarrieren verschont und vor systematischen Ausgrenzungen geschützt bleibt. Dies aber setzt den Willen zur Gestaltung eines inklusionsorien-

Einleitung

tierten Sozialraums voraus, an dessen Zustandekommen und Pflege auch inklusionsorientierte Kindertagesstätten wesentlichen Anteil haben.

Anschließend geht *Sylvia Feußner* auf die konzeptionell-programmatischen Konsequenzen für eine inklusionsorientierte Kindertagesstätte ein, unter besonderer Berücksichtigung ihrer Bildungsaufgabe.

Julia Bastian und *Esther Michel* machen darauf aufmerksam, in welchem konflikthaften Verhältnis ein diagnoseorientiertes Normalitätsverständnis, das sich an statistischen Durchschnittswerten ausrichtet und dabei in der Praxis status- und defizitorientiert vorgeht, zur Forderung nach inklusiver Wertschätzung von Vielfalt steht. Diagnosen erweisen sich allzuoft als Grundlage und Legitimation für Selektionsprozesse und sind in dieser Funktion im Kontext von inklusiven Prozessen zu hinterfragen und ggf. zu vermeiden.

Sigrid Conrad schließlich wagte sich an die Befragung von Kindern selbst – als Akteure und Subjekte ihrer eigenen Lebenswelten und Interessen. Heraus kamen spannende (und in vielen Fällen überraschende) Einblicke in kindliche Sichtweisen von Inklusion – ein eindrucksvoller Hinweis, wie eine inklusionsorientierte kindliche Welt aussieht, in der noch nicht gelernt wurde – oder gelernt werden wollte –, dass die Anderen nun einmal anders sind und deswegen doch irgendwie nicht richtig dazugehören können.

Das vorliegende Buch repräsentiert in gewisser Weise einen »Work in Progress« – entsprechend der Überzeugung, dass die Aneignung der Forderungen der UN-BRK und das Engagement, sich für die uneingeschränkte Teilhabe aller zu engagieren, ein fortlaufender Prozess sein und bleiben muss, der prinzipiell nicht abschließbar ist. Es soll primär motivieren und ermutigen, sich auf den Weg zu machen und sich nicht hinter dem (gleichwohl allzuoft zutreffenden) Argument fehlender Ressourcen zu verstecken.

1 Die Inklusionsforderung in der UN-Behindertenrechtskonvention und ihre Bedeutung für die Entwicklung von Kindergärten

Sylvia Feußner

Die *UN-Konvention über die Rechte von Menschen mit Behinderungen* (UN-BRK) ist ein völkerrechtliches Übereinkommen. Die Vertragsstaaten, die dieses Übereinkommen auf nationaler Ebene ratifizierten, verpflichten sich damit zu einer Realisierung der dort genannten Bestimmungen in ihren jeweiligen nationalen Rechtssystemen. Die UN-BRK wurde im Dezember 2006 durch die Generalversammlung der Vereinten Nationen (UN) einstimmig verabschiedet. In Deutschland trat sie nach ihrer Ratifizierung am 26. März 2009 in Kraft. Die UN-BRK soll dazu beitragen, Chancengleichheit in der Gesellschaft herzustellen und gegen die Diskriminierung von Menschen anzukämpfen (vgl. Albers 2011, 27).

Art. 7 der UN-BRK besagt, dass *alle* Kinder gleichberechtigt mit anderen Kindern *alle* Menschenrechte und auch *alle* Grundfreiheiten genießen. Weiterhin besagt Art. 7, dass das Wohl des Kindes stets vorrangig zu berücksichtigen ist. Ebenso haben *alle* Kinder das Recht, ihre Meinung zu *allen* sie berührenden Angelegenheiten zu äußern (vgl. Welke 2012, 22). Neben Art. 7 ist in Bezug auf Kinder und deren Bildungsorte auch Art. 24 der UN-BRK von Bedeutung. Dieser spricht in der (englischen) Originalfassung der UN-BRK das Recht auf selbstbestimmte Teilhabe an einem *inklusiven* Bildungssystem auf *allen Ebenen* und das Recht auf *lebenslanges Lernen* an.

1.1 Art. 7 und 24 der UN-BRK und das Recht auf Bildung für *alle* Menschen

Art. 24 der UN-BRK konkretisiert das Menschenrecht auf Bildung mit Blick auf die besonderen Situationen und Bedürfnisse von Menschen mit sogenannten Beeinträchtigungen. Weiterhin werden Maßstäbe gesetzt, die auf die Gewährleistung eines »*inklusiven Bildungssystems auf allen Ebenen*« abzielen (vgl. United Nations (UN) 2008). Die Vertragsstaaten verpflichten sich dazu, geeignete Gesetzgebungs-, Verwaltungs- und sonstige Maßnahmen zur Umsetzung des Art. 24 einzuleiten. Konkret heißt dies, dass Bund und Länder sich an vereinbarte Ziele sowie bundes- und landesrechtliche Regelungen zu halten haben und dabei die Maßnahmen, die sie konkret zur Umsetzung ergreifen, in eigener Regie durchführen (vgl. Seelig 2013, 111).

»Artikel 33 Absatz 2 der UN-Konvention verpflichtet die unterzeichnenden Staaten zur Einrichtung einer unabhängigen Monitoring-Stelle. Deshalb richtete die Bundesregierung im Mai 2009 die Monitoring-Stelle am Deutschen Institut für Menschenrechte ein« (Deutsches Institut für Menschenrechte – Monitoringstelle (o.J.)).

Nachdem auch Deutschland ein sogenanntes Fakultativprotokoll unterschrieben hat, überwacht die am *Deutschen Institut für Menschenrechte* in Berlin angesiedelte Monitoringstelle die Umsetzung der UN-BRK. Diese mahnt – wenn nötig – suboptimale Praxen an. Dem *UN-Ausschuss über die Rechte von Menschen mit Behinderungen* in Genf muss zunächst zwei Jahre nach In-Kraft-Treten und dann in einem vierjährigen Rhythmus Bericht über den Fortgang und die Qualität der Umsetzung erstattet werden. Zudem können von NGOs (Non-Government-Organisations), etwa Institutionen der Selbstvertretung, sogenannte *Schattenberichte* erstellt und an die UN in Genf geleitet werden, wie jüngst als Ergänzung zum Ersten Staatenbericht der Bundesrepublik Deutschland geschehen (vgl. Erster Bericht der Zivilgesellschaft zur Umsetzung der UN-Behindertenrechtskonvention in Deutschland; vgl. NETZWERK ARTIKEL 3 e.V.). Dabei ist zu erwähnen, dass nur die Fassungen in den UN-Sprachen (Arabisch, Chinesisch, Englisch, Französisch, Russisch und Spanisch) rechtsverbindlich sind, auch wenn in der deutschen Fassung von einem »integrativen Bildungssystem« die Rede ist und das *NETZWERK ARTIKEL 3 e.V.* als Verein für Menschenrechte und Gleichstellung Behinderter e.V u.a. auf diese Übersetzungsfehler in einer *Schattenübersetzung* hinwies (vgl. NETZWERK ARTIKEL 3 e.V). Die Korrektur wurde nötig, da die deutschsprachige Version der UN-Behindertenrechtskonvention zwar zwischen Deutschland, Liechtenstein, Österreich und der Schweiz und ihren jeweiligen Verbänden abgestimmt wurde, dies jedoch fast ohne Beteiligung behinderter Menschen geschah (vgl. NETZWERK ARTIKEL 3 e.V.).

»Deshalb hatte sich das NETZWERK ARTIKEL 3 e.V. 2009 dazu entschlossen, eine sogenannte ›Schattenübersetzung‹ zu veröffentlichen. Der Begriff ›Schattenübersetzung‹ wurde gewählt, weil die sogenannten ›Schattenberichte‹ (shadow reports) im Berichtswesen zu bestehenden

Art. 7 und 24 der UN-BRK und das Recht auf Bildung für alle Menschen

UN-Konventionen eine gute Tradition haben: Die Vertragsstaaten von UN-Konventionen sind verpflichtet, regelmäßig Berichte zur Umsetzung der jeweiligen Konvention zu erstellen und diese dem überwachenden Komitee zuzuleiten. Parallel dazu werden von den Nichtregierungsorganisationen Schattenberichte erstellt, die ebenfalls in die Bewertung des überwachenden Komitees einfließen« (Netzwerk Artikel 3 e.V. 2010, o.S.).

Der Begriff *Bildung* in Art. 24 der UN-BRK bezieht sich nicht nur auf das Schulsystem, sondern umfasst im Kontext der Forderung nach »lebenslangem Lernen« (vgl. UN-BRK Art. 24 Abs. 1) alle Institutionen, die einen Bildungsauftrag haben – somit u.a. auch den Elementarbereich.

»Artikel 24 Bildung

(1) Die Vertragsstaaten anerkennen das Recht von Menschen mit Behinderungen auf Bildung. Um dieses Recht ohne Diskriminierung und auf der Grundlage der Chancengleichheit zu verwirklichen, gewährleisten die Vertragsstaaten ein integratives Bildungssystem auf allen Ebenen und lebenslanges Lernen mit dem Ziel,

a) die menschlichen Möglichkeiten sowie das Bewusstsein der Würde und das Selbstwertgefühl des Menschen voll zur Entfaltung zu bringen und die Achtung vor den Menschenrechten, den Grundfreiheiten und der menschlichen Vielfalt zu stärken;

b) Menschen mit Behinderungen ihre Persönlichkeit, ihre Begabungen und ihre Kreativität sowie ihre geistigen und körperlichen Fähigkeiten voll zur Entfaltung bringen zu lassen;

c) Menschen mit Behinderungen zur wirklichen Teilhabe an einer freien Gesellschaft zu befähigen.

(2) [...]« (UN-BRK Artikel 24 Absatz 1).

Der Geist von Art. 7 der UN-*BRK* »*Kinder mit Behinderungen*« lässt sich thematisch u.a. im Sozialgesetzbuch (SGB) – Neuntes Buch (IX) – Rehabilitation und Teilhabe behinderter Menschen – (SGB IX) ausmachen. Die gleichberechtigte Teilhabe ist dort in Art. 1 *Selbstbestimmung und Teilhabe am Leben in der Gesellschaft* angesprochen. Demnach erhalten »behinderte oder von Behinderung bedrohte« Menschen Unterstützung, »um ihre Selbstbestimmung und gleichberechtigte Teilhabe am Leben in der Gesellschaft zu fördern, Benachteiligungen zu vermeiden oder ihnen entgegenzuwirken« (SGB IX Art. 1).

Darüber hinaus sind die Bedürfnisse von Kindern mit einer sogenannten Beeinträchtigung zu respektieren und es ist ihnen soweit wie möglich (sic!)

ein Leben im sozialen Umfeld zu ermöglichen (vgl. SGB IX § 4 Abs. 3). Ein weiteres Ziel ist es, wie oben erwähnt, Kinder mit sogenannter Beeinträchtigung gemäß ihrem Alter und ihrer Entwicklung an der Planung und Gestaltung der einzelnen Hilfen zu beteiligen (vgl. SGB IX § 4 Abs. 3). Ebenso sind die Sorgeberechtigten intensiv in die Planung und Gestaltung der Hilfen einzubeziehen (vgl. ebd. und SGB VIII § 22a Abs. 3). Weiterhin wird deutlich, dass das Sozialgesetzbuch Vlll – Kinder- und Jugendhilfe (SGB VIII) ausdrücklich ein gemeinsames Aufwachsen von Kindern mit und ohne Beeinträchtigung vorsieht (vgl. SGB VIII § 22a Abs. 4 und SGB IX § 4 Abs. 3).

Im Sinne der UN-BRK ist von besonderer Bedeutung, dass *alle* Kinder *von Anfang an* in ihrer Entwicklung gefördert und gestärkt werden. Grundgedanke für gemeinsame Bildung, Betreuung und Erziehung ist, die Vielfalt des menschlichen Lebens zu erfahren und sie als Selbstverständlichkeit und Bereicherung u.a. auch in Kindertageseinrichtungen zu begreifen.

Bereits seit dem Jahr 1996 haben Kinder im Alter von drei bis sechs Jahren einen Rechtsanspruch auf einen Kindergartenplatz. Seit dem 1. August 2013 ist durch das Kinderförderungsgesetz (vgl. BMFSFJ v. 13.07.2010) zusätzlich ein Rechtsanspruch auf eine Betreuung ab der Vollendung des ersten Lebensjahres gegeben. Zur Umsetzung dieses Rechtsanspruches forcieren Bund, Länder und Kommunen den bedarfsgerechten und qualitätsorientierten Ausbau der Betreuungsangebote für unter Dreijährige (vgl. *Gesetz zur Förderung von Kindern unter drei Jahren in Tageseinrichtungen und in Kindertagespflege, Kinderförderungsgesetz – KiföG* vom 10. Dezember 2008). Dem Ausbau liegt auch der bundesgesetzliche Auftrag zur Förderung von Kindern mit und ohne sogenannter Beeinträchtigung in gemeinsamen Gruppen zu Grunde (vgl. SGB IX § 4 Abs. 3).

1.2 Inklusion – Eine vielseitige Herausforderung für Kindergärten

Um aufzuzeigen, welche spezifischen Herausforderungen in Kindertageseinrichtungen durch den Inklusionsgedanken ent- und bestehen, müssen zunächst Faktoren erarbeitet werden, die den Alltag in einer Kindertageseinrichtung bestimmen. Bedeutsam sind zunächst die *Makroebene* der Politik sowie die gesetzlichen Grundlagen (vgl. Abbildung 1 nach Bronfenbrenner 1981). Inklusion ist dabei ein zentraler Aspekt der elementaren Erziehung.

Inklusion – Eine vielseitige Herausforderung für Kindergärten

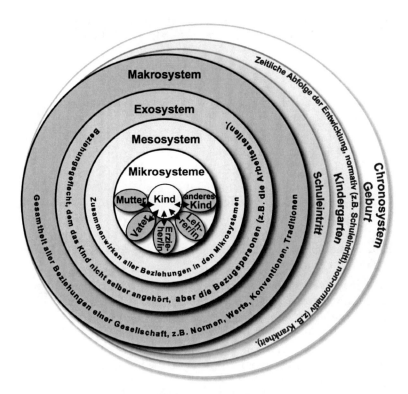

Abbildung 1: Schaubild zur Struktur der Umwelt nach dem ökosystemischen Modell von Bronfenbrenner (1981). Dorrance 2010, 36 nach Bronfenbrenner 1981

Jedoch ist zwischen Bundesrecht und Landesrecht zu unterscheiden. Das Bundesrecht besteht auf oberster Ebene aus dem Grundgesetz der Bundesrepublik Deutschland. Laut Art. 3 Abs. 3 des Grundgesetzes darf niemand wegen seines Geschlechtes, seiner Rasse, seiner Abstammung, seiner Sprache, seiner Heimat oder seiner Herkunft, seines Glaubens, seiner religiösen oder seiner politischen Anschauung benachteiligt oder bevorzugt werden. Niemand darf wegen seiner Behinderung benachteiligt werden (vgl. Grundgesetz für die Bundesrepublik Deutschland (GG); Adams et al. 2007, 143).

Das Sozialstaatsprinzip ist ebenso im Grundgesetz verankert. Die rechtliche Konkretisierung dieses Prinzips erfolgt in den 12 Sozialgesetzbüchern (SGB). In Bezug auf Kinder mit sogenannter Beeinträchtigung greifen dabei zwei unterschiedliche rechtliche Bereiche. Zum einen das Achte Sozialgesetzbuch (Kinder- und Jugendhilfe), welches für alle Kinder gleichermaßen gilt. Zum Anderen das Zwölfte Buch der SGBs (SGB XII), das gesetzliche Regelungen enthält, die spezielle Maßnahmen wie die Eingliederungs- und Integrationsleistungen für Menschen mit sogenannter Beeinträchtigung festlegen.

Bei Kindertageseinrichtungen, die Integrationsmaßnahmen durchführen, handelt es sich um Tageseinrichtungen nach § 22 SGB VIII, die gleichzeitig Eingliederungshilfe für Menschen mit Beeinträchtigungen nach § 53 SGB XII leisten (vgl. a.a.O., 147). § 22 SGB VIII beschreibt den Aufgabenbereich einer Tageseinrichtung. Dieser ist für alle Kindertageseinrichtungen geregelt und gilt somit als Basis für das Landesrecht. Auf dieser Grundlage haben die einzelnen Bundesländer jeweils eigene Ausführungsgesetze und eigene Gesetze für den Bereich der Kindertageseinrichtungen und Kindertagespflege verabschiedet. In einigen Bundesländern bestehen rechtliche Regelungen für die Gleichstellung von Menschen mit Beeinträchtigungen.

Unter eigener Verantwortung der Bundesländer werden Regelungen zur Betreuungsform sowie zur Art der Einrichtungen und der Gruppenzusammensetzungen getroffen. Weiterhin werden die Größen der Gruppen sowie die Anteile von Kindern mit sogenannten Beeinträchtigungen in einer Gruppe festgelegt. Die personelle Ausstattung ist ebenso Ländersache wie die Qualifikation der Mitarbeiter/innen und die Finanzierung des behinderungsbedingten Mehraufwandes.

Die gesetzlichen Rahmenbedingungen bilden eine Grundlage des inklusiven Bildungsbemühens. Die Herausforderungen auf der *Mesoebene* (vgl. Abbildung 1 nach Bronfenbrenner 1981) betreffen die Träger und Leitungen einer Einrichtung. Die Anforderungen des Trägers bei der gemeinsamen Bildung, Betreuung und Erziehung von Menschen beziehen sich auf die konkrete Umsetzung der Rahmenbedingungen in Bezug auf den Inklusionsgedanken. Sachaufwandsträger stellen die Arbeitsräume und die Arbeitsmaterialien zur Verfügung und entscheiden damit auch mit über deren Qualität im Sinne gemeinsamer Bildung, Betreuung und Erziehung. Gleiches gilt für die Personalausstattung in quantitativer und qualitativer Hinsicht. Besonderes Augenmerk ist dabei auf die Herstellung einer barrierefreien Umgebung zu richten. Ebenso in den Blickpunkt geraten das Konzept, in dem sich die pädagogische Ausrichtung einer Einrichtung manifestiert sowie Maßnahmen der Qualitätssicherung und -entwicklung. Die Bedeutung der Träger für die Entwicklung des Inklusionsgedankens in den Einrichtungen ist nicht zu unterschätzen.

Auf der *Mikroebene* (vgl. Abbildung 1 nach Bronfenbrenner 1981) stehen das zu betreuende Kind, die Familie des Kindes sowie die pädagogischen Fachkräfte und ihr Verhältnis untereinander im Mittelpunkt. Auf dieser Ebene findet die pädagogische Praxis statt. Sie ist letztendlich entscheidend für gelingende Inklusion. Auf der *Mikroebene* bezogen auf das Kind ist es wichtig zu sehen, dass die Tageseinrichtung in ihrem inklusionsorientierten pädagogischen Konzept die interdisziplinäre Zusammenarbeit zur individuellen Förderung und Entwicklung aller Kinder mit deren jeweils spezifischen Bedürfnissen zu realisieren in der Lage ist. Darüber hinaus kooperiert das Team mit den Familien und weiteren Diensten. Die Fachkräfte müssen damit über spezifische inklusive Qualifikationen und Kompetenzen verfügen, um den oben genannten Herausforderungen entsprechen zu können. Dies wird angesichts der heutigen durchschnittlichen Praxis in Kindertagesstätten eine grundlegende Reform im Bereich der Aus-, Fort- und Weiterbildung aller in Kindertagesstätten professionell Agierenden erfordern.

Zu Beginn der Arbeit als erzieherische Fachkraft ist es wichtig, sich bewusst zu machen, welche Rolle man für die Kinder in deren Alltag spielt und welche Bedeutung die Interaktion mit den Kindern hat. Der Umgang mit den Kindern schlägt sich bei ihnen als Alltagserfahrung nieder. Das heißt, wird allen Kindern respektvoll begegnet und erfährt jedes Kind individuelle Anerkennung, so nehmen die Kinder dies wahr, verinnerlichen es und gewinnen somit die Grundlage für eine positive Selbsteinschätzung. Inklusionsorientiertes Handeln setzt voraus, dass jedes Individuum ressourcenorientiert wahrgenommen wird und die gängigen Kategorisierungen der Kinder in solche mit und solche ohne Beeinträchtigung überwunden werden. Daraus ergibt sich aus pädagogischer Sicht die Notwendigkeit zu erkennen, dass aus dem Wissen über eine diagnostizierte Behinderung keine entwicklungsbegrenzende oder -verhindernde Schlussfolgerungen für das eigene Handeln folgen sollen und wahrgenommene Besonderheiten einzelner Kinder stattdessen als Aspekte menschlicher Vielfalt im Sinne einer erforderlichen Bedingung für gelingendes pädagogisches Handeln gezogen werden. Insofern beginnt inklusive Praxis in den Köpfen der Fachkräfte. Wichtig ist, sich bei jedem Kind individuell auf dessen Besonderheiten einzulassen und reflektiert eine Praxis zu entwickeln, die eine bestmögliche Begleitung und Entwicklung anvisiert und ermöglicht.

Aus der Praxis

Im Rahmen unserer Forschungsarbeit besuchten wir – drei befreundete Studierende und gleichzeitig Mitautorinnen und Mitautoren dieses Buches – eine Einrichtung, die sich dem Inklusionsgedanken programmatisch geöffnet hatte. Die Leiterin der Einrichtung erklärte, dass sie zur Zeit u.a. ein Kind betreuen würden, das über eine Nahrungssonde ernährt wird. Am Anfang habe sich niemand vorstellen können, den Umgang mit einer Magensonde zu beherrschen und die damit verbundene Pflege übernehmen zu können. Weiterhin erklärte die Einrichtungsleitung, dass dann zunächst Fachliteratur und Informationen gesammelt wurden, durch die sich die anfänglichen Bedenken allmählich abbauen ließen. Heute macht das betreffende Kind in der Einrichtung einen sehr glücklichen Eindruck. Auch helfen die anderen Kinder inzwischen jeden Tag bei der Reinigung der Sonde. Alle Kinder empfinden diese Aufgabe mittlerweile als interessant. Dieses kleine Beispiel zeigt, wie stark eine gelingende inklusive Praxis von einer grundsätzlichen Bereitschaft der Einrichtung bzw. der pädagogischen Fachkräfte abhängt und welche Effekte sich im Verlauf eines solchen Prozesses dann ergeben können.

Wolfgang Dichans schrieb 1993, dass die integrative Arbeit von Erzieher/innen in spezifischer Weise motiviert sein muss, um die Arbeit mit Menschen bzw. mit Kindern mit sogenannter Beeinträchtigung als eine persönliche Bereicherung erleben zu können (vgl. Dichans 1993). Die Herausforderung im Sinne der UN-BRK besteht nun darin, dass diese spezifische Qualifikation zu einem unverzichtbaren Element erzieherischer Ausbildung schlechthin wird – im Sinne einer allgemeinen Annahme der Anforderungen, die mit der Bildung, Betreuung und Erziehung von Kindern mit und ohne Beeinträchtigung verbunden sind.

Weiterhin ist intensive und gute Teamarbeit notwendig, damit Bedenken und Ängste vor den Anforderungen gemeinsamer Betreuung, Bildung und Erziehung aufgehoben und besprochen werden können. Erzieher/innen beschreiben das Problem, dass sie auf der einen Seite den inklusiven Anspruch (er)kennen, auf der anderen Seite aber ihre eigenen angstbesetzten Befindlichkeiten mit in die professionelle Praxis hineinbringen. Subjektive Belastungen im Arbeitsalltag können aus inklusiver Perspektive jedoch nicht ursächlich auf Besonderheiten einzelner Kinder projiziert werden, sondern sind ursächlich auf strukturelle oder organisatorische Rahmenbedingungen oder die eigene Praxis zurückzuführen (vgl. Schöler/Fritzsche/Schastok 2005, 21). Wie ein Kind von den anderen Kindern betrachtet, behandelt und aufgenommen wird, hängt zu einem guten Teil davon ab, auf welche Art und Weise die Fachkräfte mit dem Kind umgehen. Individuelle Wertschätzung und Anerkennung von Seiten der Umwelt werden von den anderen Kindern positiv registriert und reflektiert.

Eine weitere Herausforderung auf der *Mikroebene* betrifft das Verhalten des Kindes mit einer sogenannten Beeinträchtigung selbst. Ulrich Heimlich schreibt 1995, dass Spielverhalten sowie Kontaktaufnahme der Kinder mit sogenannter Beeinträchtigung auch ohne gezielte Fördermaßnahmen stattfinden. Es bestehen keine Unterschiede im Spielverhalten und in der Kontaktaufnahme bei Kindern mit und ohne Beeinträchtigung. Die Kinder nehmen ebenso am Gruppengeschehen teil. Darüber hinaus unterscheiden sich weder das prosoziale Verhalten noch die Form der Konfliktbewältigung der Kinder untereinander (vgl. Heimlich 1995, 270). Gemeinsames Spiel ist das bedeutsamste Kommunikationsmittel der Kinder untereinander, wodurch gemeinsame Bildung, Betreuung und Erziehung besondere Bedeutung gewinnt.

Zusätzlicher Aufmerksamkeit bedarf es hinsichtlich des Verhaltens der Eltern von Kindern ohne sogenannte Beeinträchtigungen. Sie müssen im Einzelfall aufgeklärt werden über spezifische Situationen in einer inklusiven Einrichtung. Ggf. sind vorhandene Bedenken, Befürchtungen, Vorbehalte oder Vorurteile gegenüber Menschen mit Behinderungen im Vorhinein zu entkräften und abzubauen, damit sich solche negativen Einstellungen nicht auf die Kinder übertragen. Die Qualität der sozialen Kontakte in einer Kindertageseinrichtung kann nicht losgelöst von den Biografien der Beteiligten gesehen werden und vor allem nicht von den vorhandenen elterlichen Erfahrungen und Problemsichten (vgl. Schöler/Fritzsche/Schastok 2005, 24).

Weiterhin ist bedeutsam, den Kindern die Chance für eine gemeinsame Bildung, Betreuung und Erziehung in einer Kindertageseinrichtung zu geben, damit sie ein partizipatives und selbstbestimmtes Leben führen können. Diese Chance bekommen Kinder nur, wenn sie sich in einer Kindertageseinrichtung auch wohlfühlen. Wenn eine Kindertageseinrichtung ein inklusives Konzept entwickelt, ist es wichtig, dass auch die Eltern dies unterstützen und eine gemeinsame Arbeit zwischen Erzieher/innen und Eltern zur Routine wird.

Die Inklusionsforderung in der UN-Behindertenrechtskonvention

1.3 Die Kompetenzen einer pädagogischen Fachkraft für eine qualitativ hochwertige inklusive Pädagogik

Die werteorientierte Handlungskompetenz

In dem vorangehenden Kapitel wurde der Arbeit erzieherischer Fachkräfte ein hoher Stellenwert beigemessen. Daraus ergeben sich Kompetenzen, die zu einer gelingenden Inklusionspädagogik beitragen.

Die erste Kompetenz, die auch Annika Sulzer und Petra Wagner in ihrer Expertise[1] über Inklusion in Kindertageseinrichtungen beschreiben, ist eine *werteorientierte Handlungskompetenz* (Abbildung 2). Dies bedeutet, dass eine pädagogische Fachkraft sich wertschätzend gegenüber der Vielfalt zeigt und sich den Folgen der eigenen Handlungen stets bewusst ist – immer im Blick auf mögliche Diskriminierungen. Das heißt, dass eine Fachkraft lernen muss, Diskriminierungen zu erkennen und in der Lage sein muss, diesen fachlich qualifiziert entgegenzutreten (vgl. Sulzer/Wagner 2011, 26).

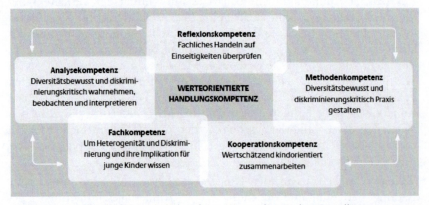

Abbildung 2: Inklusionskompetenz als Fokussierung pädagogischer Grundkompetenzen (Sulzer/Wagner 2011, 49).

---

1 Sulzer, Annika/Wagner, Petra (2011): Inklusion in Kindertageseinrichtungen. Qualifikationsanforderung an die Fachkräfte. Weiterbildungsinitiative Frühpädagogische Fachkräfte (WiFF), Projekt des Bundesministeriums für Bildung und Forschung und der Robert Bosch Stiftung in Zusammenarbeit mit dem Deutschen Jugendinstitut e.V.. Herausgeber: Deutsches Jugendinstitut e.V. (DJI). München: Deutsches Jugendinstitut e.V. (DJI)

Fachkompetenz

Die nächste Kompetenz, die für qualitative Inklusion von Bedeutung ist, ist die *Fachkompetenz* (Abbildung 2) der pädagogischen Fachkraft. Es ist unumgänglich, über Vielfalt und Differenz sowie über Diskriminierungsdynamiken Bescheid zu wissen. Um pädagogische Situationen im Alltag systematisch im Sinne inklusiver Ansätze organisieren zu können, ist es notwendig, über Fachkenntnisse zur Bedeutung von Diversität in den unterschiedlichen gesellschaftlich bedeutsamen Dimensionen zu verfügen. Ein weiterer wichtiger Punkt sind Kenntnisse über potenzielle Auswirkungen von Diskriminierung und Stigmatisierung, einschließlich Annahmen über deren Ursachenzusammenhänge.

Selbstreflexionskompetenz

Eine weitere, in der Literatur[2] genannte unverzichtbare Kompetenz ist die *Selbstreflexionskompetenz* (Abbildung 2), die es erlaubt, das fachliche Handeln auf Einseitigkeiten hin zu überprüfen. Die Reflexion der eigenen professionellen Praxis bietet die Chance, eine Optimierung bzw. Reorganisierung bestehender Handlungsabläufe und -routinen vorzunehmen. Ungleichbehandlung oder Bevorzugung entstehen auch in inklusionsorientierten Kontexten dann, wenn die eigenen Vorstellungen, Haltungen, Überzeugungen und biografischen Erfahrungen nicht (mehr) reflektiert werden (vgl. Derman-Sparks/Olsen Edwards 2010, 21).

Analysekompetenz

Bei der *Analysekompetenz* (Abbildung 2) geht es darum, wahrzunehmen, zu beobachten und zu interpretieren. In Bezug auf Inklusion ist von Bedeutung, dass pädagogische Fachkräfte wahrnehmen, wo und wann die individuellen Lebenslagen in pädagogischen Prozessen relevant werden, um diese Prozesse vor dem Hintergrund des verfügbaren Fachwissens interpretieren zu können (vgl. Sulzer/Wagner 2011, 40). Eine solche Analyse unterstützt

---

2 vgl: Heimlich, Ulrich (2013): Kinder mit Behinderung – Anforderungen an eine inklusive Frühpädagogik. Eine Expertise der Weiterbildungsinitiative Frühpädagogische Fachkräfte (WIFF). WiFF Expertise Nr. 33. Herausgeber: Deutsches Jugendinstitut e.V. (DJI). München: Deutsches Jugendinstitut e.V.
vgl.: Roth, Xenia (2010): Handbuch Bildungs- und Erziehungspartnerschaft: Zusammenarbeit mit Eltern in der Kita. Freiburg: Herder
vgl.: Gruber, Elke/Hackl, Wilfried (Hrsg.) (2013): Didaktik im Spiegel. Das Ringen um den Kern der Professionalität: Magazin erwachsenenbildung.at. Das Fachmedium für Forschung, Praxis und Diskurs. Nr. 20/2013.

die Kompetenz zur Einschätzung der individuellen Lern- und Entwicklungsprozesse einzelner Kinder, jenseits aller expliziten oder impliziten Defizitorientierungen. Die Dokumentation von Beobachtungen dient zur Ermittlung von pädagogischen Hilfestellungen für das Kind, um die nächste Entwicklungsstufe begleiten zu können (vgl. ebd.).

Methodenkompetenz

Die *Methodenkompetenz* (Abbildung 2) bildet den Kernbereich des methodisch-didaktischen Handelns. Sie beschreibt die Kompetenz der Planung, der Gestaltung von Rahmbedingungen, der Gestaltung von Gruppenprozessen und der individuellen Begleitung einzelner Kinder. Wichtige Bestandteile sind dabei Methoden der Kommunikation und Interaktion (vgl. Kasüschke/Fröhlich-Gildoff 2008, 83f.). Dies bedeutet, dass Methodenkompetenz sich immer individuell an den Bedürfnissen der Kinder erweist. In der vorhandenen Vielfalt der Kinder sowie der dabei zur Anwendung gelangenden Methoden besteht die Chance, die Kinder auch in ihrer Individualität und in ihren Stärken und Schwächen zu fördern und zu unterstützen. *Methodenkompetenz* erfordert Kreativität und Eigeninitiative.

Kooperationskompetenz

Als fünften Baustein einer Inklusions- und wertorientierten Handlungskompetenz führen Sulzer und Wagner die *Kooperationskompetenz* (vgl. Abbildung 2) an.

> »Kooperation der pädagogischen Fachkräfte im Team und mit den anderen, am Erziehungs- und Bildungsprozess beteiligten Professionen ist ein zentraler Aspekt inklusiver Pädagogik in Kindertageseinrichtungen« (Seitz 2009, 47).

Dieses Zitat beschreibt die Bedeutung der *Kooperationskompetenz*. Die Bereitschaft und Fähigkeit zu kooperieren ist eine grundlegende Voraussetzung für erfolgreiches professionelles Handeln im Sinne von Inklusion. Kooperation bezieht sich auf die Zusammenarbeit mit den Eltern, die Zusammenarbeit innerhalb des (ggf. multiprofessionell zusammengestellten) Teams und die (ebenso) multiprofessionelle Zusammenarbeit mit externem Fachpersonal (vgl. Sulzer/Wagner 2011, 45). Wie bereits in Kapitel 1.2 beschrieben, ist die Ausbildung dieser Kompetenzen für eine qualitative inklusive Pädagogik von wesentlicher Bedeutung.

1.4 Zusammenfassung

Resümierend sollen die wesentlichen Faktoren zusammengetragen werden, die im Sinne der UN-BRK zur Verwirklichung einer qualitativ hochwertigen inklusiven Elementarpädagogik beitragen.

Zum einen sind Art. 7 und Art. 24 der UN-BRK zu beachten, in denen gefordert wird, dass *alle* Kinder gleichberechtigt und uneingeschränkt Zugang zu Menschenrechten und Grundfreiheiten haben müssen. Weiterhin wird in Art. 24 der UN-BRK festgelegt, dass *alle* Kinder ein Recht auf ungehinderte und unbehinderte Bildung haben, was sich auf sämtliche biografische Lebensphasen und Entwicklungsstufen bezieht. Daher ist auch der Elementarbereich mit in diese Betrachtung einzubeziehen.

In Deutschland ist gemeinsame Bildung, Betreuung und Erziehung in einer Kindertageseinrichtung abhängig von den jeweiligen gesetzlichen Regelungen in den verschiedenen Bundesländern. Diese Regelungen auf gesetzlicher Ebene sind im Sinne der UN-BRK zu hinterfragen, zu überarbeiten und ggf. zu korrigieren. Im oben beschriebenen Kapitel wurde diese Konsequenz aus der UN-BRK als Konsequenz auf der *Makroebene* beschrieben. Die konkrete Umsetzung von Inklusion findet aber in den einzelnen Einrichtungen statt.

Auf der *Mesoebene* geraten insbesondere die Träger und die Leitungen von Einrichtungen in den Fokus, insofern sie die Rahmenbedingungen für die Praxis vor Ort gestalten und die Handlungskonzepte und Leitlinien entwerfen, die der alltäglichen Arbeit zugrunde liegen. Zu den bedeutsamen Rahmenbedingungen zählen auch z.B. Festlegungen von Gruppengrößen und -zusammensetzungen, die Anzahl der multidisziplinär zusammengesetzten Fachkräfte sowie finanzielle Regelungen in Bezug auf gemeinsame Bildung, Betreuung und Erziehung der Kinder. Die Träger bringen somit den Inklusionsgedanken in die Einrichtungen und sind auf Grundlage der gesetzlichen Vorgaben verantwortlich für die existierenden Rahmbedingungen.

Auf der *Mikroebene* schließlich begegnen sich die Fachkräfte, Kinder und Eltern. Die fachliche Herausforderung besteht in einer interdisziplinär orientierten wertschätzenden Zuwendung allen Kindern gegenüber, um diese optimal begleiten zu können. Um dieser Aufgabe gewachsen zu sein, ist es wichtig, auch die eigene (fachlich und biografisch gewordene) Person wahrzunehmen und zu akzeptieren. Auch davon hängt eine gelingende Interaktion zwischen den Kindern und der Fachkraft ab, die sich auf den Umgang der Kinder untereinander und miteinander auswirkt.

Weiterhin ist es wichtig, ggf. vorhandene Ängste und Zweifel auf Seiten der Fachkräfte zu thematisieren. Geschieht dies nicht, wird sich dies auf die Kinder übertragen. Darüber hinaus ist bedeutsam, eigene Haltungen und Vorurteile abzubauen, sowie Eigeninitiative und Kreativität zu entwickeln, um individuell mit jedem Kind umzugehen und Defizitperspektiven zu vermeiden. Eine aufgeschlossene und wertschätzende Haltung begünstigt auch eine offene und konstruktive Teamarbeit.

Eine weitere Herausforderung ergibt sich im Umgang mit den Eltern. Es ist wichtig, dass alle beteiligten Personen aufgeklärt werden und den Kindern mit sogenannten Beeinträchtigungen nicht vorurteilsbehaftet gegenübertreten. Denn elterliche Erfahrungen, Probleme, aber auch Einstellungen werden auf die Kinder übertragen und können einer gelingenden Interaktion zwischen den Kindern entgegenstehen. Daher ist eine intensive und positive Zusammenarbeit zwischen Fachkräften und Eltern wichtig.

Nicht nur Eltern ohne ein Kind mit sogenannter Beeinträchtigung stehen vor Herausforderungen, sondern auch Eltern, die ein Kind mit sogenannter Beeinträchtigung haben. Diese befinden sich zur Zeit der Aufnahme des Kindes oft noch mitten in einem Auseinandersetzungsprozess mit den unterstellten Folgen, die eine (drohende) Beeinträchtigung zukünftig mit sich bringen könnte. Auch diesbezüglich ist ein anerkennender und wertschätzender Umgang in der Praxis für alle Beteiligten von großer Bedeutung. Hierzu zählt die Gestaltung einer barrierefreien Umgebung, die schon in den Köpfen beginnt. Die Qualität des Kontaktes und der Zusammenarbeit entscheidet sowohl über die Qualität der Beziehungen untereinander, als auch über das Gelingen von Inklusion auf allen handlungsrelevanten und organisatorischen Ebenen.

2 Inklusion als Merkmal struktureller Entwicklung

Alexandra Schmitt

Gemeinhin wird im Bereich der frühkindlichen Betreuung, Erziehung und Bildung zwischen Sondereinrichtungen, integrativen Einrichtungen und Regeleinrichtungen unterschieden. In Sondereinrichtungen werden ausschließlich Kinder mit diagnostiziertem Förderbedarf betreut. Eine Betreuung in einer heterogen zusammengesetzten Gruppe, die sowohl aus Kindern mit als auch aus Kindern ohne Beeinträchtigung besteht, erfolgt in integrativen Einrichtungen. Regeleinrichtungen besuchen dagegen ausschließlich Kinder ohne Beeinträchtigung. Regeleinrichtungen können sich jedoch ebenso wie Sondereinrichtungen auf dem Wege der Einzelintegration oder durch eine strukturelle Öffnung zu integrativ arbeitenden Einrichtungen entwickeln.

2.1 Von der Integration zur Inklusion

Es ist ein weiter Weg zur Entwicklung inklusiver Strukturen – sowohl gesamtgesellschaftlich gesehen als auch mit Blick auf Kindertageseinrichtungen. Dieser Weg wird von Alfred Sander (2001) am Beispiel Schule in einem fünfstufigen Modell dargestellt. Die fünf Stufen lassen sich wie folgt beschreiben:

»1. Exklusion: Behinderte Kinder sind von jeglichem Schulbesuch ausgeschlossen.
2. Separation oder Segregation: Behinderte Kinder besuchen (in der Regel) eigene abgetrennte Bildungseinrichtungen.
3. Integration: Ausgewählte behinderte Kinder besuchen Regelschulen mit sonderpädagogischer Unterstützung.
4. Inklusion: Alle behinderten Kinder besuchen wie alle anderen Kinder mit besonderen pädagogischen Bedürfnissen Regelschulen, die die Heterogenität ihrer Schüler und Schülerinnen wertschätzen und den Unterricht bereichern.
5. Vielfalt wird zum ›Normalfall‹ (Wilhelm & Bintinger): Inklusion ist überall Selbstverständlichkeit geworden, der Begriff kann dann in einer ferneren Zukunft obsolet werden« (Sander 2001, o.S.).

Wie dieses Schema zeigt, postuliert Alfred Sander noch eine über Inklusion hinausreichende Entwicklungsstufe. Diese Stufe ist gleichzusetzen mit einer *Allgemeinen Pädagogik für alle Kinder*. Da für die vorliegende Betrachtung die letzten drei Stufen von besonderer Bedeutung sind, wird im Folgenden ausschließlich auf diese genauer eingegangen.

Integration

Integration leitet sich von lat. »integrare« (wiederherstellen, erneuern) her. Integration zielt demnach auf die Wiederherstellung einer Gemeinschaft, die vorher durch Exklusion und Segregation in einander ausschließende Gruppen geteilt wurde. Integration bedeutet dann z.B., Kinder mit und ohne Beeinträchtigung in einer Gruppe dort, wo es möglich erscheint, (wieder) gemeinsam zu betreuen, zu erziehen und zu bilden.

Die Integrationsbewegung begann in Deutschland Ende der 70er Jahre (vgl. Frühauf 2012, 16). Impuls für die häufig von Eltern behinderter Kinder oder »betroffenen« Erwachsenen ausgehende Bewegung war die Orientierung an neuen gesellschaftlichen Leitbildern, die von internationalen Bürgerrechtsbewegungen angeregt waren. So verbreitete sich allmählich ein Bewusstsein, dass auch Menschen mit Beeinträchtigungen ein »normales« Leben führen können (sollten). Diskutiert wurden in diesem Zusammenhang Maßnahmen zur »Normalisierung«. Damit war nicht so sehr eine Anpassung an vorherrschende Durchschnittsnormen gemeint, als vielmehr die Ermöglichung von allgemein geltenden Lebensrhythmen und -standards. Dazu gehörte beispielsweise auch eine räumliche Trennung von Arbeitsstätte und Wohnumgebung.

Eine bildungspolitisch engagierte Integrationsbewegung entstand durch die Initiative von Eltern, deren Kinder eine Beeinträchtigung aufwiesen sowie einzelnen Fachkräften der Sonderpädagogik.

In den 80er Jahren wurde das Thema Selbstbestimmung für die Integrationsbewegung zentral. Dabei entstand der Leitsatz: »Nichts über uns ohne uns«, der im Jahr 2003 zum Motto des *Europäischen Jahres der Menschen mit Behinderung* avancierte. Auch Menschen mit einer so genannten geistigen Beeinträchtigung erhoben nun zunehmend den Anspruch, selbst an den Angelegenheiten, die sie betreffen, beteiligt und nicht einfach (wenngleich inzwischen durch den Stand des Ausbaus des Sozialstaats unter den Vorzeichen fürsorglicher Zuwendung) bevormundet zu werden.

Fortan wurden durch Integrationsbemühungen und -maßnahmen Menschen mit Beeinträchtigungen neue Möglichkeiten eröffnet. Fortschritte wurden etwa in Bezug auf die allmähliche Durchsetzung von Barrierefreiheit im öffentlichen Raum erzielt. Einzelintegrationsmaßnahmen ermöglichten es, dass bestimmte Menschen trotz ihrer Beeinträchtigung zunehmend selbst über ihre Lebens-, Lern- und später auch Arbeitsorte entscheiden konnten. Parallel dazu behielten Sondereinrichtungen, die für Menschen mit schweren (und vorgeblich nicht integrierbaren) Beeinträchtigungen vorgesehen waren, ihre Bedeutung und wurden teilweise trotz Integration auch immer noch weiter ausgebaut. Eine integrative Biografie wie sie der folgende idealtypisch skizzierte Lebenslauf beschreibt, blieb hingegen weiterhin eine seltene Ausnahme:

»allgemeiner Kindergarten mit spezieller Förderung → allgemeine Schule mit integrativer Ausrichtung → Arbeiten mit Integrationshelfer auf dem allgemeinen Arbeitsmarkt → ambulant unterstütztes Wohnen im eigenen Wohnraum« (Frühauf 2012, 20).

Inklusion

Das lateinische Wort *Inklusion* (»includere«) könnte man – nicht ohne Risiko ein Missverständnis zu erzeugen – im Deutschen mit »einschließen« übersetzen. Inklusion im Bereich von Kindertagesstätten zielt darauf, alle Kinder gemeinsam zu betreuen, ohne ihnen den Stempel der Beeinträchtigung aufzudrücken – etwa als Voraussetzung dafür, in den Genuss individueller Fördermaßnahmen zu gelangen (Etikettierungs-Ressourcen-Dilemma). Der Begriff »Etikettierungs-Ressourcen-Dilemma« geht auf Hans Wocken (z.B. 2013a, 97; siehe auch 2013b) zurück und bringt zum Ausdruck, dass es ohne Etikettierung eines Menschen als »behindert« in der Praxis keine Förderressourcen gibt und damit Dilemmata gerade vor dem Hintergrund inklusiver Ansätze erzeugt werden. Inklusion verlangt, eine solche Etikettierungspraxis und das damit verbundene Schubladendenken zu überwinden, indem von ressourcen- statt defizitorientierten Ansätzen ausgegangen wird. Wenn Inklusion von Geburt an erfolgt, werden spätere Integrationsmaßnahmen überflüssig, ganz nach dem Motto: »Würden sie nicht ausgegliedert werden, müssten sie nicht eingegliedert werden« (Formulierung eines 9-jährigen Mädchens aus München).

Hier gilt die Erkenntnis, dass jeder Mensch verschieden ist und über Stärken und Schwächen verfügt. Stärken müssen dabei in der pädagogischen Praxis erkannt und wertgeschätzt werden. Probleme bei der Realisierung von Inklusion werden nicht beim Kind gesucht und gefunden, sondern im System identifiziert und abgebaut. In Deutschland entstanden in der zweiten Hälfte der 90er Jahre erste Initiativen, die sich für einen gemeinsamen

Besuch von Bildungseinrichtungen aller Kinder im Sinne eines gemeinsamen Aufwachsens einsetzten (vgl. a.a.O., 21). Inklusion bezieht sich nicht nur auf Beeinträchtigungen, sondern auf alle Situationen, in denen Menschen an Partizipationsschranken stoßen können.

»Inklusion bemüht sich, alle Dimensionen von Heterogenität in den Blick zu bekommen und gemeinsam zu betrachten. Dabei kann es um unterschiedliche Fähigkeiten, Geschlechterrollen, ethnische Herkünfte, Nationalitäten, Erstsprachen, Rassen (etwa in den USA), soziale Milieus, Religionen und weltanschauliche Orientierungen, körperliche Bedingungen oder anderes mehr gehen. Charakteristisch ist dabei, dass Inklusion sich gegen dichotome Vorstellungen wendet, die jeweils zwei Kategorien konstruieren: Deutsche und Ausländer, Männer und Frauen, Behinderte und Nichtbehinderte, Reiche und Arme usw. – diese dichotomen Kategorisierungen werden einzelnen Personen wenig gerecht, sind aber als alltägliche ›Zwei-Gruppen-Theorien‹ weit verbreitet« (Hinz 2012, 33).

Aus diesem Grund ist Inklusion nicht als neues Wort für Integration zu betrachten, sondern als eine politische und fachliche Herausforderung besonderer Art. Laut Anne-Dore Stein gibt es drei wesentliche Argumente, die begründen, warum der Inklusionsbegriff vom Integrationsbegriff unterschieden werden und diesen ablösen sollte.

Der erste Punkt besagt, dass die praktische Umsetzung von Integration heute nicht mehr mit den ursprünglichen Zielen der Integrationskämpfer/innen übereinstimmt. Integration wird inzwischen in Gestalt von Einzelintegrationsmaßnahmen, Kooperationsmodellen usw. lediglich in einer verwässerten Form realisiert (vgl. Stein 2012, 79).

Das zweite Argument zielt auf das Verständnis von Integration. Gesellschaftliche Integration ist nicht nur für Menschen mit Beeinträchtigungen von Bedeutung, sondern es wirken eine ganze Reihe von gesellschaftlich bedeutsamen (kulturellen, sozialen, religiösen, geschlechtlichen, altersbezogenen etc.) Differenzen zusammen, die in einem komplexen Zusammenspiel zu Partizipationshindernissen führen. Erst im Inklusionsbegriff werden alle Menschen in ihrer Unterschiedlichkeit und Vielfalt mit in die (pädagogische) Betrachtung einbezogen (vgl. ebd.).

Das dritte und letzte Argument bezieht sich auf die vorhandenen Strukturen. Dabei müssen die bestehenden Bedingungen strukturell, organisatorisch und konzeptionell so verändert werden, dass niemand mehr das Recht auf uneingeschränkte selbstbestimmte Teilhabe vorenthalten wird. Integration begnügte sich demgegenüber eher mit einer Anpassung des be-

Von der Integration zur Inklusion

einträchtigten Menschen an seine Umgebung, soweit wie dies irgend möglich erschien (vgl. ebd.).

Leitbegriffe von Inklusion sind Teilhabe, Bürgerrechtsbewegung, Community Care, Gemeinwesenorientierung und Bürgerschaftliches Engagement. Besonders bedeutsam ist dabei, dass Inklusion nicht nur auf den Bildungsbereich zielt, sondern dass das gesamte Gemeinwesen einer inklusiven Ausrichtung bedarf, um ein wirklich barrierefreies Leben aller zu ermöglichen (vgl. Frühauf 2012, 22).

Inklusion erfordert eine Reflexion herkömmlicher Begrifflichkeiten, um (neue oder erneute) Stigmatisierung zu vermeiden. Die (selbst)kritische Hinterfragung der Begriffsverwendung ist dabei nicht Selbstzweck und geschieht auch nicht aus Gründen einer mehr oder weniger diffusen Political Correctness. Vielmehr spiegeln und formen Begriffsverwendungen Realität. Wenn beispielsweise vorgeschlagen wird, statt von »sonderpädagogischem Förderbedarf« von »Barrieren für Lernen und Teilhabe« zu sprechen (vgl. Booth 2012, 66), dann spiegelt sich darin genau jener Anspruch eines Paradigmenwechsels wieder, der das Problem nicht mehr beim »behinderten Kind«, sondern im System sucht und findet.

Allgemeine Pädagogik für alle Kinder

Die fünfte und letzte Phase (*Allgemeine Pädagogik für alle*) ergibt sich als Konsequenz aus einem gesamtgesellschaftlichen Bemühen um inklusive Verhältnisse.

Der unten wiedergegebene Zeitstrahl ordnet der Entwicklung von der Exklusion zu einer Allgemeinen Pädagogik für alle Kinder eine historische Einteilung zu. Das will jedoch nicht bedeuten, dass sich die Stufen trennscharf voneinander unterscheiden ließen und frühere Stufen jeweils zur Gänze auf der nächst höheren Ebene überwunden wären.

Abbildung 1: 5 Stufen Modell nach Sander (2001) (eigene Darstellung)

2.2 Zusammenfassung

Im Bundesdurchschnitt besteht für 74% der Kinder mit (drohender) Beeinträchtigung im Elementarbereich ein integratives Platzangebot. Der Ländervergleich zeigt jedoch erhebliche Unterschiede hinsichtlich des Anteils an Integrationskindergärten (vgl. Abb. 2 und 3). In Bayern ist der Anteil an Integrationskindergärten mit 39,2% am geringsten, dort werden Kinder mit (drohender) Behinderung zu 60,8% in Förderschulkindergärten untergebracht. In Niedersachen ist der Anteil der Kinder mit (drohender) Behinderung in Sondereinrichtungen mit 45,4% im Ländervergleich am höchsten. Zur erfolgreichen Umsetzung inklusiver Ansätze sind unterstützende strukturelle Rahmenbedingungen von Vorteil. Im Kontext von Qualitätsentwicklung kommt dabei der Personalressource eine zentrale Bedeutung zu. Entsprechend ist die Qualität des personellen Ausbildungsniveaus als Ressource zu verstehen. Im Ländervergleich kristallisiert sich für einige Bundesländer erheblicher Handlungsbedarf hinsichtlich des Qualifikationsniveaus des Kita-Personals heraus.

3 Prozess der Inklusion

Arne Köster

Inklusion ist kein durch bestimmte Maßnahmen ein für alle Mal realisierbarer Zustand, sondern ein Prozess, der zu einer Daueraufgabe der Organisationsentwicklung und Qualitätssicherung in einer Einrichtung werden muss. Der *Index für Inklusion* schlägt vor, diesen Prozess in fünf Phasen einzuteilen. Die verschiedenen Phasen gibt die folgende Abbildung wieder:

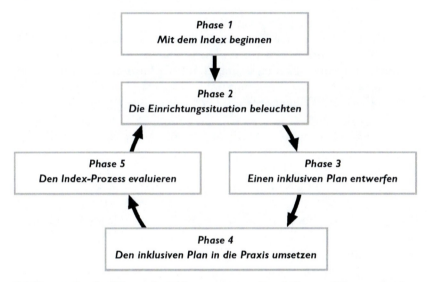

Abbildung 1: Die fünf Phasen des Inklusionsprozesses (Booth/Ainscow/Kingston 2006, Abb.: 6, S. 24)

»Ihre Befolgung ist hilfreich, dennoch zeigt die Praxis immer wieder, dass der konkrete Prozess vor Ort gerade dann eine – oft auch unvorhersehbare – Eigendynamik entwickelt, die in dem Moment zu Fortschritten führt, an dem die Beteiligten sich von der Selbstwirksamkeit ihrer Arbeit überzeugt zeigen« (Dorrance/Dannenbeck 2011, 7).

Die einzelnen Phasen können dabei unterschiedlich zeitaufwendig sein. Wie in Abbildung 1 ersichtlich, bilden die Phasen 2 bis 5 einen Kreislauf. Somit ist der Index für Inklusion nach der fünften Phase nicht beendet (vgl. Booth/Ainscow/Kingston 2006, 30ff.), sondern beginnt auf Basis einer erfolgten Evaluation des bisher Erreichten von Neuem.

3.1 Mit dem Index beginnen (Phase 1)

In der Anfangsphase wird zunächst ein Inklusionsteam aus den in einer Einrichtung Agierenden zusammengestellt. Das Team setzt sich nach Möglichkeit aus Engagierten zusammen, die unterschiedliche Gruppen von Akteuren repräsentieren. Vornehmliche Aufgabe ist es, eine gemeinsame Position zur Inklusion zu entwickeln, die der eigenen Einrichtung angemessen erscheint.

> »Die erste Phase ist als Startschuss zu verstehen, in der sich ein Index-Team explorativ auf den Weg macht, bei allen Akteuren in der Einrichtung für das Vorhaben wirbt und sensibilisiert. Es geht dabei um die Entwicklung eines Planungsrahmens auf der Grundlage des Index und dessen transparenter Begleitung unter Beteiligung möglichst aller Ebenen« (Dorrance/Dannenbeck 2011, 7).

Diese Ebenen werden vertreten von der Leitung, den Erzieher/innen, Eltern und Sorgeberechtigten, Vertretern des Einrichtungsträgers, Fachberatern und Gemeinden (vgl. Booth/Ainscow/Kingston 2006, 31). Alle Beteiligten müssen während des gesamten Prozesses auf dem aktuellen Stand der Überlegungen und Umsetzungsmaßnahmen gehalten werden.

Auch wenn Einrichtungen eigenständig mit dem *Index für Inklusion* arbeiten, ist es ratsam, sich besonders in der Anfangsphase fachliche Unterstützung von außerhalb zu holen – sei es durch indexerfahrene Personen oder professionelle wissenschaftliche Begleitungen (vgl. a.a.O., 32).

Das Index-Team

Das Index-Team ist ein Team von freiwilligen Mitarbeiter/innen, das den Prozess koordiniert, steuert, reflektiert und evaluiert. Ziel des Teams ist es, Stärken und Schwächen der eigenen Einrichtung herauszuarbeiten, das Kollegium für die Wahrnehmung von Barrieren zu sensibilisieren, für das Ziel einer uneingeschränkten gleichberechtigten Teilhabe aller zu motivieren und sich um den Abbau jeder erkannten Barriere zu bemühen (vgl. Dorrance/Dannenbeck 2011, 6).

Das Index-Team übernimmt die Verantwortung für den anstehenden Prozess und seine Umsetzung. Dabei wird die Verantwortung im Team aufgeteilt. Das Team kümmert sich um den Ablauf der Veränderungen, die

Teilhabe aller Beteiligen, die regelmäßige Veröffentlichung der Ergebnisse und die Evaluation, sprich die Auswertung des Veränderungsprozesses nach Beendigung der Maßnahme(n). In regelmäßigen Besprechungen tauschen sich die Teammitglieder untereinander aus. Dabei muss sich jedes Teammitglied bewusst sein, dass sich alle Mitglieder im Laufe des Prozesses wechselseitig kritisieren können (Booth/Ainscow/Kingston 2006, 34). Je nach Art und Größe der Einrichtung können sich auch mehrere Einrichtungen zu einem Index-Team zusammenschließen, um sich wechselseitig vorstellen und ggf. unterstützen zu können.

Der »kritische Freund«

Ein wichtiges Mitglied des Index-Teams kann der sogenannte »kritische Freund« sein. Dieser sollte nicht direkt mit der Einrichtung verbunden, also weder Mitarbeiter/in noch Elternteil sein, diese aber gut kennen. Er ist ein kritischer und dabei unterstützender Begleiter, der sich verpflichtet, den Prozess zu begleiten. Er muss das Vertrauen aller Beteiligten genießen und vertraulich mit den Erkenntnissen von Auswertungen und Diskussionen umgehen. Es kann auch eine Person sein, die bereits in der Vergangenheit mit dem *Index für Inklusion* gearbeitet hat und Erfahrungen mit gruppenbezogenen Moderationstechniken aufweist (vgl. Booth/Ainscow/Kingston 2006, 34). Der »kritische Freund« muss darauf achten, dass wichtige Themen, bei denen Meinungsverschiedenheiten im Team vorhanden sind, nicht umgangen werden (vgl. ebd.).

3.2 Die Einrichtungssituation beleuchten (Phase 2)

In der zweiten Phase wird die Einrichtungssituation beleuchtet. Dabei gewinnt die Partizipation möglichst aller Akteure an Bedeutung. Die einzelnen Akteure können auf verschiedene Weise in den Prozess eingebunden sein. Es ist vorteilhaft, z.B. eine Veranstaltung zu organisieren. Eine solche Veranstaltung kann der fachlichen Weiterbildung im Bereich »Spiel, Lernen und Partizipation entdecken« dienen (vgl. Booth/Ainscow/Kingston 2006, 45ff.). Aufgebaut würde sie in verschiedenen Abschnitten. So gibt es am Anfang und am Ende eine Einheit, die vom Index-Team geleitet wird. In den Einheiten dazwischen sollen die Eltern und Mitarbeiter/innen in Kleingruppen Schlüsselkonzepte, Planungsrahmen, Indikatoren, Fragen und Ideenaustausch über Entwicklungs- und Untersuchungsbereiche erarbeiten.

Eine Methode, Kinder in inklusiven Prozessentwicklungen zu beteiligen, ist beispielsweise die Autofotographie, bei der sie dokumentieren, was ihnen in der Einrichtung jeweils gefällt und was nicht. Dafür erhalten die Kinder eine Kamera und die Aufgabe, dass sie die Dinge, die sie mögen und die, die ihnen nicht gefallen, fotografieren. Dabei kommen oft überraschende Ergebnisse heraus. Bei älteren Kindern kann ggf. auch mit einem Fragebogen gearbeitet werden (Abb. 3).

Fragebogen für Kinder (Kinderhaus)	☺	😐	☹
Dimension A, B, C			
1. Manchmal arbeite ich mit jemanden in Partnerarbeit.			
2. Ich helfe anderen, wenn sie nicht weiterkommen.			
3. Andere helfen mir, wenn ich nicht weiterkomme.			
4. Meine Arbeiten werden ausgestellt, so dass andere sie sehen können.			

Abbildung 3: Ausschnitt aus einem Beispielfragebogen für Kinder (Dorrance/Dannenbeck 2011, 15)

Wichtig kann es eventuell werden, für Übersetzungen zu sorgen, damit Eltern mit Migrationshintergrund und daraus möglicherweise resultierenden Verständigungsschwierigkeiten nicht strukturell vom Prozess ausgeschlossen sind.

In dieser zweiten Phase, in der die Einrichtungssituation beleuchtet wird, geht es zunächst um eine Art Themensammlung – die Diskussion der vor Ort in der Einrichtung wichtigen Punkte, die Herausarbeitung der eigenen Schwächen und Stärken im Umgang mit Vielfalt.

3.3 Einen inklusiven Plan entwerfen (Phase 3)

In dieser Phase wird der Plan ausgearbeitet, welcher in Phase 4 in die Tat umgesetzt werden wird. Wenn nötig, erfährt er auch noch einmal Veränderungen. Das Index-Team muss nun ausdiskutieren, welche Prioritäten wann und wie gesetzt werden sollen. Da die gewünschten Veränderungen je nach Umfang und Zeitaufwand unterschiedlich lange Zeit in Anspruch nehmen können, ist es Aufgabe des Index-Teams, auch die langfristigen Veränderungen nicht aus dem Auge zu verlieren (vgl. Booth/Ainscow/Kingston 2006, 56).

Der *Index für Inklusion* schlägt vor, dass sich immer ein Mitglied des Index-Teams um eine Veränderung kümmert, deren Fortschritte dokumentiert und diese dann für alle zugänglich macht (vgl. a.a.O., 57).

3.4 Den inklusiven Plan in die Praxis umsetzen (Phase 4)

In dieser Phase werden die zuvor in Phase 2 aufgedeckten und in Phase 3 in einen Plan eingearbeiteten Prioritäten verfolgt und der dadurch entstehende Entwicklungsprozess in die Wege geleitet (vgl. Booth/Ainscow/Kingston 2006, 60). Es kann eine Praxisbegleitung organisiert werden, die die Entwicklung dokumentiert (vgl. a.a.O., 62). Diese Praxisbegleitung könnte sich mit folgenden Fragen befassen:

- Was geschieht?
- Wie ist erklärbar, was vor sich geht?
- Was sollte vor sich gehen?
- Wie wird in die Tat umgesetzt, was vor sich gehen sollte? (vgl. ebd.)

Sind diese Fragen geklärt und transparent, kann mit den Antworten möglicherweise anderen Kolleg/innen geholfen werden, die an der einen oder anderen Stelle des Inklusionsprozesses aktuell nicht weiterkommen. Dieses Vorgehen sorgt dafür, dass der Prozess nicht ins Stocken gerät oder gar ganz abbricht. Gerade hierin kann das Problem dieser Phase liegen. Mitunter erstrecken sich Veränderungsprozesse über Jahre, was bedeutet, dass die Motivation und das Engagement aller Beteiligen während dieser Zeit aufrechterhalten werden muss (vgl. ebd.). Um dies sicherzustellen, bieten sich verschiedene Maßnahmen und Aktivitäten an. So kann die Einrichtungsleitung Fortbildungen zum Thema Inklusion für alle Mitarbeiter/innen organisieren. Diese Fortbildungen können dann die Sicht auf das schon Erreichte schärfen. Denn oft werden die schon erreichten Veränderungen von allen Beteiligten nicht mehr als solche wahrgenommen und wertgeschätzt. Auch der »kritische Freund« kann die Mitarbeiter/innen in dieser Phase motivieren.

3.5 Den Index-Prozess evaluieren (Phase 5)

In dieser letzten Phase, die zugleich auch wieder die erste Phase eines erneut einsetzenden Kreislaufes bilden kann, setzt sich das Index-Team mit den erreichten Veränderungen kritisch auseinander. Es wird geklärt, welche Veränderungen erreicht wurden, wie diese erreicht wurden, wie der Plan bzw. die verwendeten Materialien (Fragebögen, Dokumentationen usw.) geändert werden müssen, um neue Ziele zu erreichen, wie die Mitarbeiter/innen die Materialien genutzt haben und mit ihnen sowie untereinander umgegangen worden ist (vgl. Booth/Ainscow/Kingston 2006, 67).

Prozess der Inklusion

An dieser Stelle können auch schon neu ins Auge gefasste Prioritäten benannt werden, die als nächstes angegangen werden sollen. Die erreichten Veränderungen werden wieder dokumentiert und allen Beteiligten zugänglich gemacht.

So haben alle Beteiligten in der Einrichtung, aber auch im Stadtteil, einen Einblick, wie weit der Veränderungsprozess vorangekommen ist und was die nächsten Schritte auf dem Weg in eine inklusiver arbeitende Einrichtung sein werden (vgl. ebd.). Nicht vergessen werden darf auch, dass neue Mitarbeiter/innen ständig mit dem laufenden Prozess vertraut gemacht werden (vgl. Booth/Ainscow/Kingston 2006, 68).

3.6 Zusammenfassung

Die Initiierung eines Inklusionsprozesses in einer Kindertageseinrichtung ist eine komplexe Aufgabe, die der Beteiligung aller Personen bedarf, die direkt oder auch indirekt mit der Einrichtung in Verbindung stehen. Zwar gibt es das Index-Team, welches die Hauptaufgabe in einem solchen Prozess übernimmt, doch es sind Motivation, Engagement und die Bereitschaft zur aktiven Zusammenarbeit aller Beteiligen, die die Umsetzung des inklusiven Gedankens in einer Kindertageseinrichtung zu einem Erfolgsprojekt werden lassen. Denn, wenn jede/r Beteiligte einen Teil, und sei es nur ein kleiner, mit in den Prozess einzubringen vermag, wird er/sie sich als Teil dieses Prozesses sehen. Hierbei ist es Aufgabe des Index-Teams, allen die Möglichkeit zu geben, sich zu äußern und auf Wertschätzung und Anerkennung beruhende Erfahrungen zu machen. Dies ist der Schlüssel zu einer inklusionsorientierten Kindertageseinrichtung, aber auch zu einem inklusionsorientierten Gemeinwesen. Alle werden mit all ihren Stärken und Schwächen sowie mit ihren Meinungen und Ideen wahrgenommen und wertgeschätzt. Gelingt es einer Einrichtung eine Gemeinschaft zu bilden, ist die Umsetzung des inklusiven Gedankens auf einem guten Weg.

Die angedeuteten Schwierigkeiten sind die größte Gefahr für das Gelingen eines inklusiven Prozesses. In einer starken Gemeinschaft lassen sich für jedes Problem Lösungen finden. Man muss daran arbeiten, offen mit den zur Sprache oder zu Bewusstsein kommenden Problemen umzugehen und darf sich nicht scheuen, nach Hilfen zu fragen. Diese Hilfe kann nicht nur vom »kritischen Freund«, sondern von allen Beteiligten her kommen.

Ist eine Einrichtung bzw. sind die Beteiligten der Ansicht, Veränderungen auf einem anderen Weg erreichen zu können, dann sollten solche Anregungen Berücksichtigung finden. Mit Sicherheit hat jede Einrichtung ihren eigenen Weg und ihre eigenen Mittel, um erfolgreich inklusionsorientiert zu arbeiten. Entscheidend für den Erfolg des Prozesses ist, dass Bereiche, in denen es Veränderungen geben soll, von den Beteiligten in einer Einrichtung offen angesprochen werden.

Allgemein wird Transparenz im Inklusionsprozess sehr groß geschrieben. Jede/r Beteiligte muss stets über alle Aktivitäten informiert werden. Wichtig ist auch, dass der Inklusionsprozess als Kreislauf gesehen wird. Inklusion hat kein vordefinierbares Ende, sie entwickelt sich stetig weiter. Abschließend lässt sich sagen, dass die Umsetzung des inklusiven Gedankens in einer Kindertageseinrichtung einen enormen Gewinn für alle Beteiligten bedeutet.

4 Inklusion als Merkmal der Organisationsentwicklung in Kindertageseinrichtungen

Alexandra Schmitt

Entscheidendes Merkmal von Inklusion ist, dass sich Systeme den Menschen mit ihren vielfältigen Bedarfen und Voraussetzungen und nicht umgekehrt Menschen den Systemen anpassen müssen. In Bezug auf Kindertageseinrichtungen heißt das, jede Einrichtung hat sich unter inklusiven Vorzeichen organisatorisch und konzeptionell dahingehend zu entwickeln, dass sie in der Praxis allen Kindern (potenziell) gerecht werden kann (vgl. Dorrance 2010, 53).

Der *Index für Inklusion* ist ein international verwendetes und erprobtes Instrument zur Initiierung und Begleitung von inklusiven Prozessen in sozialen Einrichtungen. Mittlerweile ist der *Index für Inklusion* mehrfach überarbeitet, neu aufgelegt und vielfach übersetzt worden. In diesem Zusammenhang wurde auch eine Version speziell für Kindertageseinrichtungen entwickelt (Booth/Ainscow/Kingston 2006, bzw. GEW 2006; vgl. Hinz o.J.; vgl. Prengel 2010, 38).

Der *Index für Inklusion* bietet Einrichtungen eine niedrigschwellige und praxisnahe Perspektive, wie sie sich konzeptionell auf den Weg der Inklusion machen kann. Allerdings ist der Index nicht nur bei einer Neuorientierung hilfreich, sondern kann auch in bereits integrativ arbeitenden Einrichtungen zur (Selbst-)Evaluation erfolgreich eingesetzt werden.

Der *Index für Inklusion* teilt die Herausforderungen, die mit einer *Pädagogik für alle* verbunden sind, in drei Dimensionen auf: »Inklusive Leitlinien etablieren«, »Inklusive Kulturen entfalten« und »Inklusive Praxis entwickeln« (vgl. Booth/Ainscow/Kingston 2006, 20).

4.1 Inklusive Leitlinien etablieren

Diese Dimension ist in zwei Kategorien unterteilt. Es geht darum, eine Einrichtung für alle zu entwickeln und Unterstützung von Vielfalt zu organisieren.

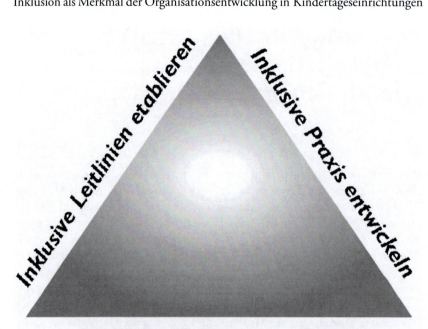

Abbildung 1: Index für Inklusion – Die drei Dimensionen (Booth/Ainscow/Kingston 2006, Abb. 3, S. 20)

4.2 Eine Einrichtung für alle entwickeln

Der Index für Inklusion listet verschiedene Indikatoren auf, anhand derer dann vor Ort relevante Fragen entwickelt und im Team diskutiert werden können. Dabei kommt es darauf an, dass im Team mittelfristig alle Akteure beteiligt sind. Es geht nicht um eine vollständige Bearbeitung des umfangreichen Indikatorenkatalogs. Vielmehr dienen die vorliegenden Indikatoren der Anregung, sich eigenen Fragen, die aus Erfahrung speziell für die eigene Einrichtung von Bedeutung sind, diskursiv zu stellen. Ein Indikator lautet zum Beispiel: »Die Mitarbeiter/innen werden bei Stellenbesetzungen und Beförderungen fair behandelt« (a.a.O., 88). Inwieweit ist das in der eigenen Einrichtung der Fall? Liegt in diesem Punkt eine Stärke oder eine charakteristische Schwäche vor?

Es wird schon an diesem Beispiel deutlich, dass Inklusion sich nicht im ›richtigen‹ Umgang mit behinderten Kindern erschöpft. Vielmehr geht es um die Verhältnisse in der Einrichtung als Ganzes. Zudem ist es von Bedeutung, bestehende Kompetenzen und positive Erfahrungen ebenso zu berücksichtigen – und nicht lediglich die Schwächen herauszuarbeiten. Somit thematisieren die Indikatoren nicht nur die Situation der Kinder in der Einrichtung, sondern auch die Mitarbeiter/innen und Eltern sowie die vorherrschenden organisatorischen und strukturellen Bedingungen im Allgemeinen. Es ist nicht damit getan, dass man das Konzept der Einrichtung ändert, sondern es müssen auch die vorhandenen baulichen und personellen Kapazitäten in den Blick genommen werden. Eine Einrichtung begibt sich unter erschwerten Bedingungen auf den Weg der Inklusion, wenn inklusive Ansätze zwar im Konzept grundgelegt sind, aber eine bauliche Barrierefreiheit nicht verwirklicht ist.

Beispielhaft sollen aus einem weiteren Indikator Fragen abgeleitet werden, die sich für eine Einrichtung stellen können:

Indikator: »Die Einrichtung wird so umgestaltet, dass sie allen Menschen zugänglich wird« (a.a.O., 91).

Fragen zu diesem Indikator könnten beispielsweise sein:

»a) Existiert ein Plan zur Verbesserung der Zugänglichkeit der Einrichtung?

[...]

d) Werden die Bedürfnisse von Gehörlosen, Schwerhörigen, Blinden, Fehlsichtigen ebenso berücksichtigt wie die von Menschen mit körperlichen Beeinträchtigungen, z.B. mit Seilen in den Korridoren und Induktionsschleifen?

[...]

g) Wird die Zugänglichkeit auch auf beeinträchtigte Erzieher/innen, Trägervertreter und Eltern sowie Kinder bezogen?« (a.a.O., 91).

Die drei Beispielfragen sollen verdeutlichen, dass es in einer inklusionsorientierten Einrichtung nicht nur um die Kinder geht, sondern um alle Beteiligten.

4.3 Unterstützung von Vielfalt organisieren

Wie bereits erwähnt, wird eine zweite Kategorie genannt, die sich ebenso in verschiedene Indikatoren differenziert. Diese Kategorie beschäftigt sich mit der Organisation der Unterstützung von Vielfalt. Dazu gehören beispielsweise folgende Indikatoren:

»Alle Arten der Förderung werden koordiniert« (Booth/Ainscow/Kingston 2006, 94).

oder

»Die Leitlinien des ›besonderen Förderbedarfs‹ sind Leitlinien für Inklusion« (a.a.O., 96).

Beispielhaft könnten aus dem zweiten der genannten Indikatoren folgende Fragestellungen diskutiert werden:

»a) Sind die Leitlinien zum ›besonderen Förderbedarf‹ dazu bestimmt, Spiel, Lernen und Partizipation für alle zu verbessern und Ausgrenzungen auf ein Mindestmaß zu reduzieren?

[...]

g) Nennt die Einrichtung ihre Förderbeauftragte ›Lernbeauftragte‹ oder ›Inklusionsbeauftragte‹ statt ›Beauftragte für sonderpädagogische Förderung‹ ?

h) Vermeiden es die Erzieher/innen ›normale‹ Kinder ›Inklusionskindern‹ oder ›besonders Förderbedürftigen‹ gegenüberzustellen?« (ebd.).

Bereits das Lesen der Indikatoren regt zum Nachdenken über konkrete, in der Vergangenheit erlebte Situationen in der eigenen Einrichtung an. Das Entwickeln und Formulieren von Fragen geschieht bereits im Zusammenhang mit einer Bestandsaufnahme zu den bestehenden Praxen und Strukturen der Einrichtung, die es stets zu hinterfragen gilt.

5 Inklusion und die Bedeutung von Haltungen in Kindertageseinrichtungen

Arne Köster

Dieses Kapitel thematisiert die Bedeutung von Haltungen erzieherischer, pädagogischer und ggf. therapeutischer Akteurinnen und Akteure in Kindertageseinrichtungen für die Realisierung inklusiver Handlungsansätze. Inklusion im Sinne der UN-BRK erfordert, die Entwicklung einer *inklusiven Kultur* in einer Einrichtung anzustreben. Es wird beleuchtet, an welchen Normen und Werten sich eine inklusionsorientierte Kindertageseinrichtung auszurichten hat, um Grundlagen für inklusive Entwicklungsprozesse legen und eine Gemeinschaft auf der Basis von wechselseitiger Anerkennung und Wertschätzung bilden zu können.

Der *Index für Inklusion* (in seiner deutschsprachigen Version für Kindertageseinrichtungen) aus dem Jahr 2006 nennt drei Dimensionen, die Voraussetzungen für das Gelingen eines inklusiven Prozesses sind. Neben der Etablierung inklusiver Leitlinien und der Entwicklung einer inklusiven Praxis wird die Dimension *Inklusive Kulturen entfalten* als Herzstück der Einrichtungsentwicklung genannt (vgl. Booth/Ainscow/Kingston 2006, 20).

Grundlage für die Schaffung entsprechender Normen und Werte bildet ein in der Einrichtung gemeinsam erarbeitetes und geteiltes Verständnis von Inklusion. Hierzu diskutieren und kooperieren alle beteiligten Akteurinnen und Akteure einer Einrichtung zusammen. Aufgrund der Vielzahl der Beteiligten wird es in der Regel unterschiedliche Assoziationen, Vorstellungen und Ideen von Inklusion und den dafür notwendigen Entwicklungen geben. Ziel dieser Phase der Bemühung um ein inklusionsorientiertes Werte- und Normengerüst ist es, einen tragfähigen Konsens zu erreichen, der es erlaubt, eine gangbare und konkrete Strategie inklusiver Organisationsentwicklung zu entwerfen und umzusetzen.

An dieser Stelle ist es Aufgabe der Leitung oder derjenigen, die den Inklusionsprozess aktiv gestalten, Wege zu finden, dass alle Vorstellungen der beteiligten Akteure wirksam eingebracht werden können. Dabei sind in besonderer Weise die Kinder als Subjektive und Expertinnen und Experten in eigener Sache zu berücksichtigen und es ist nach angemessenen Verfahren zu suchen, um deren Positionen repräsentierbar und artikulierbar zu machen. Denkbar wäre etwa die Einrichtung eines Kinderparlaments, welches den Erzieher/innen und Eltern gleichgestellt ist. Die Kinder diskutieren unter sich, nach welchen Grundsätzen der Alltag in der Kindertagesstätte gestaltet werden soll und entscheiden dann gemeinsam über die Regeln, Normen und Werte, die gelten sollen. Die Kontrolle über die Einhaltung der so getroffenen Entscheidungen obliegen der Gemeinschaft.

Die Einbeziehung aller Beteiligten in der Einrichtung ist entscheidend für die Bildung, Umsetzung und Einhaltung von geteilten Normen und Werten. Untersuchungen zeigen, dass die Partizipation an Entscheidungsprozessen dazu führt, dass diejenigen, die an ihnen beteiligt waren, auch ein ausgeprägtes Interesse und anhaltendes Engagement entwickeln, sich für deren Umsetzung und Einhaltung aktiv einzusetzen.

5.1 Gemeinschaft bilden

Eine Gemeinschaft zu bilden, ist für einen inklusiven Prozess grundlegend. Doch was ist eine Gemeinschaft und was macht sie aus? Im soziologischen Sinne ist eine Gemeinschaft eine Gruppe von Menschen, die sich durch ihr Denken, Fühlen, Wollen oder durch Not und Gefahr miteinander verbunden fühlt (vgl. Wagner 2012, 1). Im Zuge des Inklusionsprozesses gründet sich die Gemeinschaft auf der Basis eines Grundkonsenses (positive Einstellung zu Inklusion) und eines geteilten Willens (Einigung über die Wege, die zu inklusiven Verhältnissen in einer Kindertagesstätte führen sollen). Kern einer Gemeinschaft ist das Gefühl, Teil einer Gruppe zu sein. Eine große Bedeutung erlangt hierbei das Wir-Gefühl innerhalb der Gemeinschaft (vgl. Müller/Ranft/Weishaupt 2010, 15). Ein solches Wir-Gefühl wird durch gemeinsame Aktivitäten erzeugt und gestärkt.

Der *Index für Inklusion* von 2006 benennt Indikatoren, die Annahmen darüber erlauben, inwieweit in einer Einrichtung inklusiv gehandelt wird. Diese Indikatoren manifestieren sich in den Antworten auf eine Reihe von Fragen, die an die eigene Praxis zu richten ist. Im Folgenden sollen dies ausgewählte Indikatoren mit dazugehörigen Fragen illustrieren.

Indikator: »Jeder soll sich willkommen fühlen« (ebd., 72).

Diese Aussage bezieht sich auf ein zentrales Kriterium inklusiver Qualität – auf das Vorhandensein einer Willkommenskultur. Alle Akteure in einer Einrichtung sollen sich willkommen und akzeptiert fühlen. Die bewusste Ausgestaltung einer Willkommenskultur erstreckt sich über den gesamten

Einrichtungsalltag und sämtliche Situationen. Sie muss zu einem prägenden Merkmal einer inklusiv ausgerichteten Kindertagesstätte werden. Dabei handelt es sich nicht lediglich um einen unverbindlichen Appell an die allgemeine ›Atmosphäre‹, vielmehr ist der Maßstab für die Existenz einer Willkommenskultur aus der Diskussion und Beantwortung von konkreten Fragen zu gewinnen. Im *Index für Inklusion* 2006 werden dabei u.a. folgende Aspekte genannt:

> »a) Ist der erste Kontakt, den man mit der Einrichtung hat, freundlich und einladend?
>
> [...]
>
> g) Sind die Informationen allen zugänglich, unabhängig von ihrer Muttersprache oder Behinderung (zum Beispiel bei Bedarf als Übersetzung, in Brailleschrift, auf Audiocassette und in Großdruck erhältlich)?
>
> [...]
>
> m) Haben die Kinder, Eltern, Leitungsteams/Leiterinnen und Stadtteilbewohner alle das Gefühl, dass die Einrichtung zu ihnen gehört?« (a.a.O., 75).

Die gemeinschaftliche Haltung schlägt sich auf sämtliche Interaktionsebenen in einer Einrichtung nieder – u.a. betrifft sie die Interaktion und Kommunikation zwischen Team (Fachkräften) und Kindern ebenso der Kinder untereinander.

Indikator: »Die Kinder helfen sich gegenseitig« (ebd., 72).

Die Fachkräfte sollten den Kindern zeigen und vorleben, dass es normal ist, Hilfen anzunehmen, aber auch Unterstützung zu geben. Gleichzeitig erleben die Kinder, Hilfen auch ablehnen zu können, um das gewünschte Ziel ihres Vorhabens auf eigene Weise zu erreichen. Der Indikator »Die Kinder helfen sich gegenseitig« (ebd., 72) kann exemplarisch zu folgenden Fragestellungen inspirieren: Welche Erfahrungen liegen in einer Einrichtung in dieser Hinsicht vor? Inwieweit ist dieser anzustrebende Umgang mit dem Thema Hilfe und Unterstützung ausgeprägte Praxis? Ob sich die Kinder untereinander helfen, kann man anhand folgender Fragen konkretisieren:

> »a) Suchen die Kinder sich Hilfe untereinander und bieten sich Unterstützung an, wenn sie gebraucht wird?
>
> [...]
>
> g) Vermeiden die Kinder rassistische, sexistische, homophobe, behindertenfeindliche und andere Formen von diskriminierenden Beleidigungen?

[...]
i) Schätzen die Kinder die Leistungen von anderen, deren Ausgangsbedingungen sich von ihren eigenen unterscheiden?« (a.a.O.,76).

Indikator: »Die Mitarbeiter/innen und Kinder begegnen sich mit Respekt« (ebd.,72).

Laut Wolfgang Dichans (1993) ist das Verhalten von Fachkräften in integrativen Einrichtungen dadurch geprägt, dass sie für integrative Arbeit in besonderer Weise motiviert und geneigt sind, diese als persönliche Bereicherung anzusehen. Darüber hinaus verfügen Fachkräfte in integrativen Einrichtungen über ein umfangreiches Wissen und viele Erfahrungen in Bezug auf die Bandbreite der Vielfalt, die die Kinder repräsentieren (vgl. Dichans 1993, 20). Angesichts der erkannten Vielfalt ist eine bewusst respektvolle und wertschätzende Begegnung unter inklusiven Vorzeichen selbstverständlich, da die Begegnung nicht auf der Grundlage einer Defizitperspektive beruht, mit der den Kindern entgegengetreten wird.

Der Frage nach einem respektvollen Umgang nähert man sich mit Fragen wie:

»a) Reden die Erzieher/innen alle Kinder respektvoll an, mit dem Namen, mit dem sie gerufen werden wollen, mit der richtigen Aussprache?

[...]

f) Betrachten die Erzieher/innen das Füttern und Windelwechseln der Babys als Gelegenheiten zum Spielen, Lernen und Zeigen von Zuneigung, statt als Pflichten, die erfüllt werden müssen?

[...]

q) Wird bedeutsamen Ereignissen, wie Geburten, Todesfälle und Krankheiten eine angemessene Aufmerksamkeit zuteil?« (a.a.O., 78).

Eine weitere Ebene, auf der sich die Qualität der Gemeinschaftlichkeit zu bewähren hat, ist die des Verhältnisses der Akteure zu Leitung und Trägerschaft in einer Einrichtung.

Indikator: »Die Erzieher/innen arbeiten gut mit dem Träger zusammen« (ebd., 72).

Eine gute und vertrauensvolle Zusammenarbeit mit der Leitung bzw. der Trägerschaft der Einrichtung ist für die Umsetzung des Einrichtungskonzepts oder Inklusionsprozesses grundlegend. Die Schnittstelle zwischen Kindertageseinrichtung und Trägerschaft ist meist durch die Einrichtungsleitung repräsentiert. Diese zeichnet in der Regel im Auftrag des Trägers für die konzeptionelle Umsetzung verantwortlich.

Ein Einrichtungscoach kann als »*kritischer Freund*« die Gestaltung und Realisierung von Inklusionsprozessen begleiten. Wichtig dabei ist, dass diese Rolle nicht als Kontrollfunktion, sondern in erster Linie als beratend und anregend wahrgenommen und verstanden wird.

Zur Beschreibung der Qualität der Zusammenarbeit zwischen Trägerschaft und Fachkräften können Fragen helfen wie:

> »b) Begreifen die Trägervertreter die Struktur der Einrichtung und die verschiedenen Verantwortlichkeiten der Erzieher/innen?
>
> [...]
>
> d) Sind die Fähigkeiten und Kenntnisse der Trägervertreter bekannt und werden sie geschätzt?
>
> [...]
>
> e) Nehmen Trägervertreter wie Erzieher/innen gemeinsam betriebliche Fortbildungsmaßnahmen wahr?« (a.a.O., 81).

Ein weiterer Aspekt von Gemeinschaftlichkeit findet sich an den Schnittstellen zwischen der Einrichtung als solcher und ihrem Umfeld, in dem sie agiert – auch über Kontakte und Beziehungen zu den Eltern der Kinder hinaus.

Indikator: »Die Einrichtung öffnet sich zum Stadtteil« (ebd.,72).

Die Öffnung der Einrichtung gegenüber dem Stadtteil ist ein wesentlicher Aspekt einer Inklusionsorientierung. Zum einen wird die Umgebung und das Umfeld der Einrichtung als Bestandteil der kindlichen Lebenswelten begriffen (wobei dies sich natürlich nicht auf den Moment der Räumlichkeit reduzieren lässt, sondern die Einnahme einer sozialräumlichen Perspektive erfordert). Zum anderen stehen auch die Fachkräfte selbst in einem komplexen Austauschverhältnis mit Institutionen, die ergänzende oder unterstützende Funktionen erfüllen. Arnulf Hopf schreibt zu diesem Aspekt bereits 1988:

> »Die Bedeutung des engen Zusammenhangs zwischen lokaler Umwelt und kindlicher Entwicklung haben [...] vor allem sozialisationstheoretische Erkenntnisse betont. Denn der Stadtteil und die Gemeinde bilden den unmittelbaren Erfahrungshorizont, und Kinder im Vorschulalter sind an ständiger Erweiterung des ›Horizonts‹ interessiert; sie wollen ihre weitere räumliche und soziale Nachbarschaft entdecken und erobern« (Hopf zitiert nach Textor 1998, o.S.).

Sozialräumliches Erleben ermöglichen, ist ein bedeutsamer Bestandteil der Wirkungsweise einer Einrichtung, die sich der Relevanz eines gemeinsamen Aufwachsens bewusst ist. Fragestellungen zu diesen Überlegungen können lauten:

> »a) Werden alle Bevölkerungsgruppen in der Nachbarschaft, z.B. Senioren, die verschiedenen ethnischen Gruppen, Männer und Frauen sowie behinderte Menschen in die Aktivitäten der Einrichtung einbezogen?
>
> [...]
>
> e) Werden alle Teile der Bevölkerungsgruppen als eine Bereicherung für die Einrichtung angesehen?
>
> [...]
>
> h) Ist die Einrichtung bei den örtlichen Bevölkerungsgruppen angesehen?« (a.a.O.,82).

Die hier genannten und diskutierten Indikatoren und Fragen sind als Anregung zu verstehen. Wichtig im Sinne des Indexprozesses ist nicht deren lückenlose Abarbeitung, sondern das gemeinsame Bemühen, die für den eigenen konkreten Einrichtungsalltag bedeutsamen Fragen tabulos aufzuwerfen und sich ihnen ohne Scheu zu stellen. Es geht dabei im Wesentlichen um die Bereitschaft zur (kollektiven) Selbstreflexion – mit der Chance, die eigenen Stärken zu entdecken, ebenso wie mit dem Risiko, Schwächen transparent werden zu lassen. Sollten im konkreten Fall andere Fragen und Bereiche aufgeworfen werden, in denen deutlich wird, dass es im Sinne einer inklusiven Entwicklung zu Veränderungen kommen sollte, ist dies ausdrücklich zu begrüßen (vgl. Dorrance/Dannenbeck 2011).

5.2 Inklusive Werte verankern

Inklusive Werte werden, ebenso wie die Bildung einer Gemeinschaft, als Grundlage des Inklusionsprozesses verstanden. Doch was wird in diesem Sinne unter inklusiven Werten verstanden? Ganz allgemein sind Werte grundlegende Voraussetzungen für das Zusammenleben in einer Gemeinschaft. Sie sind handlungsleitend für die Gesetzgebung, das Sozialsystem und das alltägliche Miteinander (vgl. Müller/Ranft/Weishaupt 2010, 8). Tony Booth spricht sich für folgende inklusive Werte aus: Gleichheit, Rechte, Teilhabe, Gemeinschaft, Respekt für Vielfalt, Nachhaltigkeit, Gewaltfreiheit, Vertrauen, Mitgefühl, Ehrlichkeit, Mut, Freude, Liebe, Hoffnung/Optimismus und Schönheit (vgl. Booth 2010, 5). Dabei betont er die besondere Bedeutung der folgenden fünf Werte: Gleichheit, Teilhabe, Gemeinschaft, Respekt für Vielfalt und Nachhaltigkeit. Sie tragen wesentlich dazu bei, inklusive Strukturen, Arbeitsabläufe und Aktivitäten aufzubauen (vgl. ebd., 5).

Inklusive Werte verankern

Ebenso wie in den anderen Bereichen nennt der *Index für Inklusion* 2006 auch in diesem Zusammenhang Indikatoren einschließlich dazugehöriger Fragen, mit denen überprüft werden kann, ob und inwieweit inklusive Werte schon in einer Kindertageseinrichtung verankert sind. Im Folgenden wird eine Auswahl von solchen Indikatoren und Fragen diskutiert.

Indikator: »Jeder, der mit der Einrichtung beschäftigt ist, beteiligt sich am Einsatz für Inklusion« (ebd., 72).

Die Beteiligung aller Personen, die mit der Kindertageseinrichtung in Verbindung stehen, ist Grundvoraussetzung für das Gelingen von Inklusionsprozessen. Die Beteiligung muss jedoch freiwillig geschehen, niemand darf zur Mitarbeit gezwungen werden. Vielmehr sollte das Index-Team durch Transparenz und Partizipation versuchen Zweifel, Zurückhaltung und geäußerte Bedenken ernst zu nehmen – dabei ist deutlich zu machen, dass sich Inklusionsprozesse auf eine menschenrechtliche Basis stützen, die Ausgestaltung von Inklusion jedoch Gegenstand eines gemeinsamen Austauschprozesses ist. Inklusionsprozesse profitieren von den Ressourcen, die alle Beteiligte mit- und einbringen. Veränderungen können durch die Beteiligung unterschiedlicher Personen in unterschiedlichen Positionen nachhaltig herbeigeführt werden. Überlegungen, inwieweit sich alle Personen der Einrichtung an der Umsetzung inklusiver Ansätze beteiligen, können folgendermaßen konkretisiert werden:

> »g) Wird realisiert, dass Barrieren für Spiel, Lernen und Partizipation durch eine Verbindung zwischen den Menschen und ihrer materiellen und sozialen Umgebung produziert werden?
> [...]
> i) Vermeiden es die Erzieher/innen, Eltern und Kinder, Barrieren für Spiel, Lernen und Partizipation als Folge einer Beeinträchtigung eines Kindes oder Erwachsenen anzusehen?
> [...]
> k) Wird Ausgrenzung als ein Prozess verstanden, der beginnen kann, wenn die Partizipation von Kindern nicht gefördert oder wertgeschätzt wird, und mit dem Ausschluss von einer Einrichtung enden könnte? « (a.a.O.,83).

Indikator: »Von allen Kindern wird viel erwartet« (ebd., 72).

Inklusion bedeutet weder Gleichmacherei, noch dass man sich in Bezug auf Entwicklungsziele auf einem kleinen gemeinsamen Nenner treffen muss – im Gegenteil schafft eine inklusionsorientierte Umgebung erst die Voraussetzung, dass sich jedes Kind individuell auf der Basis eigener Ressourcen und Potenziale entwickeln kann und dabei uneingeschränkt von der vorhandenen Vielfalt profitiert.

Dies führt dazu, dass Kinder von den Fachkräften ermutigt werden, unmöglich erscheinende Ziele mit ihren eigenen Mitteln zu erreichen – und Entwicklungspotentiale auf diese Weise nicht an Statusdiagnosen ihre Grenze finden. Fachkräfte begleiten Entwicklungs- und Lernprozesse individuell unterstützend. Die Kinder wachsen dabei an ihren Herausforderungen. Das Gefühl, etwas alleine geschafft zu haben (Selbstwirksamkeit), erfüllt sie mit Stolz und gibt ihnen Selbstvertrauen, neue Ziele zu erreichen. Dabei können zur Konkretisierung des Indikators »Von allen Kindern wird viel erwartet« (ebd., 72) Fragestellungen wie die folgenden hilfreich sein:

»g) Vermeiden es die Erzieher/innen, den Kindern und ihren Familien ein Gefühl des »Versagens« zu vermitteln, wenn die Kinder mit einer angenommenen »normalen Entwicklung« nicht mithalten können?

[...]

h) Konzentrieren sich die Erzieherinnen auf das, was die Kinder jetzt und mit Hilfe tun können, statt auf das, was sie noch nicht können?

[...]

n) Werden die Versagensängste mancher Kinder ernst genommen?« (a.a.O.,84).

Indikator: »Alle Kinder werden als gleich wichtig behandelt« (ebd., 72).

Fachkräfte haben oft den Anspruch an sich selbst, alle Kinder gleich zu behandeln. Dabei kann aus dem Blick geraten, dass eine Gleichbehandlung des Verschiedenen zu Benachteiligungen führen kann – aber auch, dass dem eigenen Handeln unbewusst Differenzentscheidungen vorausgehen, die zu Ungleichbehandlungen mit Stigmatisierungs- oder auch Diskriminierungspotenzialen führen. Demgegenüber erfordert eine inklusive Haltung die Bereitschaft, sich den individuellen kindlichen Entwicklungsprozessen gegenüber zu öffnen, um den vorhandenen Potenzialen im Einzelfall gerecht zu werden. Gleiche Wertschätzung ist nicht gleichzusetzen mit Gleichbehandlung, sie beinhaltet vielmehr Achtung und Respekt vor den Besonderheiten eines jeden einzelnen Kindes (vgl. Müller/Ranft/Weishaupt 2010, 16).

Inwieweit diesem Anspruch entsprochen wird, kann mit folgenden Fragen analysiert werden:

»a) Wird eine Vielzahl von Muttersprachen und kulturellen Hintergründen als positiver Beitrag für die Einrichtung und die Gesellschaft im Allgemeinen betrachtet?

[...]

f) Werden unglückliche oder ärgerliche Kinder in gleicher Weise wertgeschätzt wie scheinbar friedliche, zufriedene oder leicht zufrieden zu stellende Kinder?

[...]

n) Werden die Leistungen von Jungen und Mädchen sowie von Kindern mit unterschiedlichem ethnischen und sozialen Hintergrund in gleicher Weise wertgeschätzt und hervorgehoben?« (a.a.O., 85).

Indikator: »Die Einrichtung hilft den Kindern, mit sich zufrieden zu sein« (ebd., 72).

Das Selbstwertgefühl spielt bei der Zufriedenheit von Kindern eine bedeutende Rolle. Nur unter der Bedingung eines ausgeprägten Selbstwertgefühls kann ein Kind seinem Explorationsverlangen ungehindert nachkommen. Aufgabe der Fachkräfte ist es dabei, das Kind unterstützend zu begleiten. Barbara Perras-Emmer und Yvonne Atzinger drücken dies folgendermaßen aus:

»Kinder brauchen in erster Linie Menschen, die bereit sind, mit ihnen gemeinsam auf Entdeckungsreise zu gehen, die sie ermuntern, wenn einmal etwas schief läuft, die sie begleiten, wenn es darum geht, Fähigkeiten zu erproben und Grenzen zu erkennen« (Perras-Emmer/Atzinger o.J.).

All diese Indikatoren und die dazugehörigen Fragen sind ebenfalls nur als Beispiele zu verstehen. Eine lückenlose Bearbeitung aller Fragen bzw. Indikatoren ist im Sinne des Index nicht erforderlich und auch nicht wünschenswert. Auch hier geht es primär darum, den konkreten Handlungsbedarf nach vorhandener und erkannter Dringlichkeit zu ermitteln und so zu einer vor Ort umsetzbaren inklusiven Handlungsstrategie zu gelangen.

5.3 Zusammenfassung

Die beiden Bereiche können nur erfolgreich umgesetzt werden, wenn sich alle Akteure einer Kindertageseinrichtung von den Indikatoren inspirieren lassen und dadurch über konkrete Fragestellungen ins Gespräch kommen. Damit kann der anvisierte Inklusionsprozesses gemeinsam gestaltet werden. Alle sind gefordert: Leitungen, Fachkräfte aus den unterschiedlichen Professionen und Disziplinen, sonstige Angestellte aus angrenzenden Tätigkeitsbereichen, Eltern und Familienangehörige sowie nicht zuletzt die Kinder selbst. Doch auch Stellen außerhalb der Einrichtung im Stadtteil sind in Inklusionsprozesse einzubinden und an ihnen zu beteiligen. Ziel ist es, sämtliche Ressourcen, die zur Verfügung stehen, aufzudecken und für den Prozess zu nutzen. Transparenz ist in jedem Abschnitt des Prozesses entscheidend. Diese Transparenz ermöglicht es, allen Beteiligten stets einen Einblick in den Prozessverlauf zu gewähren und sich als gestaltend und partizipierend zu erleben.

Die in diesem Kapitel skizzierten Wege zur Gestaltung inklusiver Haltungen zielen auf das Erkennen und Beseitigen von Teilhabebarrieren, ohne dass von vornherein die Ursachen dieser Barrieren monokausal in einer diagnostizierten Behinderung ausgemacht werden. Eine in diesem Sinne inklusionsorientierte Perspektive führt beispielsweise dazu, sich Gedanken über die vorherrschenden Formen der sprachlichen Kommunikation und die hierdurch entstehende Teilhabebarriere zu machen. Das führt möglicherweise zu der Einsicht, dass es nicht ausreicht, Informationen lediglich in deutscher Sprache vorzulegen. Wenn nötig, sind Informationen in anderen Sprachen, so genannter einfacher Sprache oder auch in Brailleschrift bereitzustellen – oder die Bedingungen für eine Verständigung mit Menschen herzustellen, die sich einer Gebärdensprache bedienen.

6 Inklusion als Merkmal der pädagogischen Praxis in Kindertageseinrichtungen

Arne Köster

Um Inklusion als Merkmal der pädagogischen Praxis in einer Kindertagesstätte verankern zu können, bedarf es ebenso eines strukturierten Prozesses wie bei der Frage der Haltungen. Dabei sind zunächst Bereiche zu identifizieren, die bei der Umsetzung konkreter Schritte Priorität genießen sollen. Auch in Bezug auf die Praxis kann wieder auf eine Vielzahl von Indikatoren und dazugehörigen Fragen zurückgegriffen werden. Diese Indikatoren werden in die Kategorien, »Spiel und Lernen gestalten« und »Ressourcen mobilisieren« unterteilt. Einige Indikatoren und dazugehörige Fragen werden im Anschluss wieder beispielhaft genannt. Die individuelle Anpassung der Indikatoren und Fragen an die konkreten Bedürfnisse der Akteure vor Ort ist möglich und erwünscht.

Das Index-Team hat die Aufgabe, die Bereiche in der Einrichtung zu identifizieren, in denen es zuvörderst Veränderungen bedarf und dann die entsprechenden Veränderungen auf den Weg zu bringen. Das Einbeziehen des Wissens aller Beteiligten ist dabei wichtig. Denn nur diejenigen, die täglich für die Gestaltung der Praxis verantwortlich sind, können die Bereiche, in denen es Handlungsbedarf gibt, kompetent benennen und die Umsetzungsschritte verwirklichen.

Der Bereich »Spiel und Lernen gestalten« hat das Ziel, dass das Spielen und Lernen der Kinder von den Erzieher/innen so gestaltet wird, dass alle Kinder daran partizipieren und die Aspekte, die Inklusion ausmachen, umgesetzt und verinnerlicht werden.

6.1 Spiel und Lernen gestalten

Indikator: »Bei der Planung der Aktivitäten wird an alle Kinder gedacht« (ebd., 74).

Bei der Planung aller Aktivitäten in der Einrichtung ist darauf zu achten, dass alle Kinder an ihnen teilnehmen können. Dies bedeutet, dass Aktivitäten genau geplant und in Bezug auf Teilhabebarrieren reflektiert werden.

Folgende Überlegungen sollten bei der Planung Berücksichtigung finden:
- Wie wird eine Aktion erklärt?
- Welche Mittel werden verwendet bzw. sind zur Erledigung einer Aufgabe notwendig?
- Wie viel Zeit wird hierfür benötigt und welche Aufmerksamkeit und Unterstützung sollen die Kinder durch die Fachkräfte erhalten?

Den Fachkräften kommt dabei die Aufgabe zu, die Fähigkeiten der Kinder einzuschätzen und wo nötig, angemessene Hilfsmittel bereitzustellen. Diese Hilfsmittel können z.b. eine Linkshänderschere oder Stifte mit verschiedenen Durchmessern sein. Bereits diese Hilfen können bestimmte Kinder bei der Umsetzung von gestellten Aufgaben unterstützen und somit auch Freude am Arbeiten und Gestalten ermöglichen.

Eine inklusionsorientierte Umgebung bringt Kinder mit unterschiedlichen Leistungsständen zusammen und erlaubt es, dass sich Kinder wechselseitig unterstützen. Sie lernen dabei, einander gegenseitig Unterstützung zu gewähren, aber auch Hilfen anzunehmen oder abzulehnen. Wichtig ist, dass allen Kindern die nötige Zeit gegeben wird, um anstehende Aufgaben möglichst selbstständig zu bewerkstelligen. Beispiele für Fragestellungen, die aus diesen Überlegungen entwickelt werden können, sind z.B.:

»d) Wird der Versuch unternommen, auf eine Gruppeneinteilung nach Leistungsstand und Beeinträchtigung zu verzichten?

[...]

f) Spiegeln die Aktivitäten und Materialien die Erfahrungen, Interessen und den Hintergrund aller Kinder wider, ohne Rücksicht auf Leistungsstand, Sprache, Geschlecht, Beeinträchtigung, Schicht- und ethnische Zugehörigkeit, Kultur und Religion?

[...]

p) Sind die Aktivitäten abwechslungsreich, d.h. gibt es Angebote zum Sprechen, Zuhören, Klatschen, Lesen, Singen, Zeichnen, Rollen- und Puppenspiel, Problemlösen, Bewegen, Basteln, Kochen sowie unter Verwendung der Bücherei, audiovisuellen Medien und Computern?« (a.a.O., 104ff).

Indikator: »Die Aktivitäten ermutigen alle Kinder zur Teilnahme« (ebd., 74).

Auch wenn die Motivation, an einer Aktion teilzunehmen, von der Situation, der Tagesform und den persönlichen Interessen abhängt, können Fachkräfte ihre Angebote so gestalten, dass sich alle Kinder ermutigt füh-

Spiel und Lernen gestalten

len, an ihnen teilzunehmen. Ein Angebot kann so konzipiert sein, dass jedes Kind auf den ersten Blick erkennt, dass es problemlos daran teilnehmen kann. Das Team kann bereits im Vorfeld alle benötigten Mittel bereitstellen und erklären, dass die Kinder sich damit vorab auseinandersetzen und Interesse entwickeln können.

»a) Berühren die Aktivitäten die Kinder emotional und vermitteln Freude und Spaß am Lernen?

[...]

h) Ist den ErzieherInnen bewusst, dass ein Herstellungsprozess oder der Versuch einer Aktivität wichtiger als das Endprodukt sein kann?

[...]

m) Bemerken die ErzieherInnen die körperliche oder geistige Anstrengung, die es Kinder mit Beeinträchtigungen oder chronischen Krankheiten kostet, Aktivitäten zu beenden, z.B. wenn sie von den Lippen lesen oder Sehhilfen benützen müssen?« (a.a.O., 108).

Indikator: »Die Einrichtung ist so ausgestattet, dass Spiel, Lernen und Partizipation gefördert werden« (ebd., 74).

Die Qualität der barrierefreien Ausstattung einer Kindertageseinrichtung ist nicht nur vom nutzbaren Mobiliar oder den vorhandenen baulichen Beschaffenheiten abhängig. Oft können Barrieren mit Einfallsreichtum und kleinem (finanziellen) Aufwand aufgehoben werden.

Ein gutes Beispiel hierfür ist die Verwendung von kindgerechten Symbolen, die auch für Kinder mit spezifischen Bedürfnissen aufschlussreich und aussagekräftig sind. Kinder können mit Symbolen und Bildern/Zeichnungen altersgemäß oft besser umgehen als mit Worten. Symbole können aufgestellte Regeln verdeutlichen und die Orientierung unterstützen.

Nicht nur Kinder, Eltern oder Mitarbeiter/innen mit Sehschwächen wissen häufig eine transparente Ordnung ihrer Umgebung zu schätzen. Achtlos liegen gelassene Gegenstände können schnell zur Stolperfalle und unüberwindbaren Barriere werden.

Folgende Fragen können für entsprechende Überlegungen hilfreich sein:

»f) Achten die ErzieherInnen und Kinder während des ganzen Tages darauf, die Einrichtung in Ordnung zu halten, um Spiel, Lernen und Partizipation zu fördern?

[...]

g) Sind die Bereiche mit Symbolen markiert, so dass sie bei Beratungen über den zu wählenden Bereich deutlich benannt werden können?

[...]

m) Werden die Tage so gestaltet, dass die Kinder sowohl draußen als auch drinnen Zeit verbringen können? » (a.a.O., 119).

6.2 Ressourcen mobilisieren

Indikator: »Das Fachwissen der Mitarbeiter/Innen wird in vollem Maße genutzt« (ebd., 74).

Fachkräfte besitzen aufgrund ihrer Aus- und Fortbildungen und durch ihre Berufserfahrung ein hohes Maß an Fachwissen. Leider wird oder kann dieses Wissen sowie der erworbene Erfahrungsschatz oft nicht uneingeschränkt genutzt werden, z.B. weil einmal etablierte Routinen im Team nicht hinterfragt werden, oder (formale oder informelle) hierarchische Beziehungen zwischen den Teammitgliedern dem entgegenstehen. Da aber die Ressourcen sämtlicher Mitglieder eine unschätzbare Ressource in einer Kindertageseinrichtung darstellt, wenn es um die individuelle Zuwendung und Förderung geht, ist seine Aktivierung und Nutzbarmachung ein weiteres wesentliches Moment inklusiver Entwicklung.

Im Bereich der Kindertageseinrichtung ist es Aufgabe der Leitung, den Fachkräften zu ermöglichen und sie zu ermutigen, ihr Wissen wirksam einzusetzen und ihre Erfahrungen einzubringen. Wichtigste Voraussetzung hierfür ist ein respektvoller und wertschätzender Umgang untereinander. Denn nur wer sich ohne negative Befürchtungen äußern kann, traut sich dies auch zu tun. Auf der Basis eines respektvollen und wertschätzenden Umgangs können Fachkräfte ihr Wissen und ihre Erfahrungen in vollem Maße nutzen und einbringen. Inwieweit die Atmosphäre der Einrichtung dies unterstützt, kann durch folgende Fragestellungen untersucht werden:

»b) Werden die ErzieherInnen dazu ermutigt, selbstbewusst all ihr Können in ihre Arbeit einzubringen?

[...]

i) Gibt es sowohl formelle als auch informelle Gelegenheiten für ErzieherInnen, Probleme mit Kindern zu besprechen, indem sie untereinander von ihrem Fachwissen profitieren?

[...]

k) Sind die Fachberatungen und die Trägervertreter in den Austausch von Fachwissen mit den ErzieherInnen einbezogen?« (a.a.O., 122).

6.3 Zusammenfassung

Der inklusive Gedanke beinhaltet, dass sich alle Beteiligten in einer Einrichtung gemäß der Fähigkeiten, Möglichkeiten und dem benötigtem Unterstützungsbedarf im Sinne einer inklusiven Orientierung zugunsten der Gemeinschaft entwickeln können.

7 Der inklusionsorientierte Kindergarten und ihre Vernetzung im Sozialraum

Christof Balling

7.1 Sozialraumorientierung und -gestaltung als Leitungsaufgabe

Vor dem Hintergrund der Inklusionsorientierung gewinnen Gemeinwesensorientierung und Vernetzungen von Kindertageseinrichtungen in ihrem kommunalen und regionalen Umfeld besondere Bedeutung. Sie sind als Teil eines inklusiven Sozialraums aufzufassen, der die Voraussetzung für ein gelingendes Aufwachsen aller Kinder in einer gemeinsamen Lebenswelt darstellt (vgl. Montag Stiftung Jugend und Gesellschaft 2011). »Das unmittelbare Umfeld der Kinder ist für deren Bildung und Entwicklung mindestens genauso wichtig wie Familie und Bildungs- bzw. Betreuungseinrichtungen« (Carle 2009, 11).

Die Herstellung entsprechender Bedingungen ist dabei eine anhaltende Gestaltungsaufgabe, an deren Beginn die Reflexion dessen steht, was die lebensweltlich relevanten Dimensionen und Akteure des jeweiligen Sozialraums ausmacht. Einzubeziehen ist über familiäre und professionelle Bezugspersonen auch der gesamte sozial, kulturell und architektonisch-infrastrukturell geprägte Raum, welcher die Kinder und ihre Familien täglich umgibt. Der Begriff des Sozialraumes ist in diesem Zusammenhang zu schärfen. Nach Reutlinger stellt ein Sozialraum keinen sozialgeografisch eindeutig begrenzbaren Raum dar, wie z.B. einen Stadtteil oder eine Region. Vielmehr geht es

> »um die Frage, wie sich die räumliche Welt konkret darstellt, wenn man sie konsequent von den Subjekten, von den Kindern und Jugendlichen aus denkt. In der Sozialen Arbeit mit Kindern und Jugendlichen wird deutlich (das spüren wir alle), dass sich die Welt massiv verändert. Das heißt auch, dass sich die Kinder und Jugendlichen in ihrem Sozialraum verändern und gleichzeitig verändern sich durch sie die Sozialräume selbst: In dem Moment, wo die Sozialräume konstruiert sind, verändern sie sich« (Reutlinger 2009, 76).

Somit wird erkennbar, dass der Sozialraum von den individuellen Wahrnehmungen, Erfahrungen und Beziehungen der in ihm agierenden Menschen abhängig ist. Eine fachlich begründete, bürokratisch bedingte oder verwaltungstechnisch erzwungene definitorische räumliche Begrenzung des Sozialraumes ist aus inklusionspolitischer Sicht demnach dysfunktional. Hofinger schreibt diesbezüglich:

> »Der soziale Raum definiert sich ständig neu, von den virtuellen Räumen hin zur gelebten Nachbarschaft, von der globalen Dimension hin zur überschaubaren Lebenswelt« (Hofinger o.J., 1).

Sozialraumorientierung ist abhängig von gegebenen räumlichen Faktoren und dem Zusammenspiel aller beteiligten Akteure, welche in der Lebenswelt in diesem Fall der Kinder und deren Familien interagieren bzw. auch professionell kooperieren.

Welche Konsequenzen und Herausforderungen ergeben sich dabei für die Leitung einer inklusionsorientierten Kindertageseinrichtung? Die Fähigkeit und Bereitschaft zur Kooperation bezieht sich in diesem Zusammenhang auf das aufeinander bezogene Handeln, also auf die Wechselbeziehungen zwischen den Akteuren in der Kindertageseinrichtung und im Sozialraum. Der Begriff der Interaktion bezieht sich dabei auf das Zusammenspiel, die Kommunikation und die aufzubauende – oder die Reflexion der bereits vorhandenen – Beziehung zwischen den Partnern. Nach Bronfenbrenner (1981) steht der Mensch als soziales Wesen in aktiver und passiver Wechselwirkung zu den ihn umgebenden sozialen Gegebenheiten (vgl. auch Flammer 2009, 248f). Eine inklusionsorientierte Entwicklung kann demnach nur in dem Maße beobachtet werden, in dem der Umweltkontext systematisch berücksichtigt ist. Diese Berücksichtigung schlägt sich sowohl in grundsätzlichen Haltungen nieder, die zur Bereitschaft von Kooperation führen, als auch in der zielgerichteten Gestaltung von Bedingungen und Verhältnissen, die gemeinsames Aufwachsen in geteilten Lebenswelten ermöglichen. Dies geht praktisch weit über traditionelle Elternarbeit, insbesondere im Zusammenhang mit dem Übergang zur Schule, hinaus.

Vor diesem Hintergrund soll in den folgenden Kapiteln deutlich werden, dass eine interaktive Beziehung zwischen Kindertageseinrichtung und dem Sozialraum auf Wechselseitigkeit angewiesen ist und, dass eine gelungene Zusammenarbeit direkten Einfluss auf Entwicklungsprozesse aller Beteiligten und Institutionen hat.

7.2 Praktische Konsequenzen inklusiver Sozialraumorientierung

Werden Kinder in ihren Fragen, ihrem Entdeckerdrang und ihrer Suche nach Lösungen und Erklärungen für die sich ihnen stellenden Probleme ernst genommen, schlägt sich dies direkt in der Gestaltung der pädagogischen Arbeit

nieder. Die Jugendminister-/Kultusministerkonferenz (2004) hält bezüglich der Gestaltung pädagogischer Arbeit und Qualitätsentwicklung fest:
»Grundlegende Voraussetzung für die Umsetzung der Rahmenpläne ist die Wahrnehmung der Fragen, Interessen und Themen der Kinder, denn diese sind mehr als ein Anlass für Beschäftigungsangebote, sie sind vielmehr Ausdruck des kindlichen Bildungsinteresses und damit Zentrum der zu planenden Angebote« (Jugendministerkonferenz/Kultusministerkonferenz 2004, 5).

Um den Interessen der Kinder entsprechend begegnen zu können, liegt es auf der Hand, auch das konkrete Gemeinwesen als Teil der kindlichen Lebenswelt in Erziehungs- und Bildungsprozesse mit einzubeziehen. Auch im Sinne einer ganzheitlichen Förderung bietet das soziale und kulturelle Umfeld der Kinder – bzw. die in ihm situierte Einrichtung – ein enormes Potential. Besuche etwa von Handwerksbetrieben, Kirchen, Moscheen (oder anderen religiösen Orten), Büchereien, Theatern, Polizei und Feuerwehr, Bauernhöfen, Wäldern stellen im Kontext von Inklusion möglicherweise bereits eine Gelegenheit dar, Barrierefreiheit und Partizipationschancen (aus Kindersicht) zu testen. Die Nutzung einer solchen Erfahrungsebene ist ein typisches Beispiel dafür, wie (Selbst)Erkenntnis und Haltung bei allen beteiligten Akteuren berührt ist, wenn über die reine Begegnung hinaus Kooperation im Sozialraum unter einer inklusionsorientierten Perspektive stattfindet. So bekräftigt beispielsweise auch der *Bayerische Bildungs- und Erziehungsplan für Kinder in Tageseinrichtungen bis zur Einschulung (2012)* die Bedeutung der Vernetzung im Sozialraum für die Bildungs- und Erziehungsprozesse: »Die Gemeinwesenorientierung der Tageseinrichtung garantiert eine lebensweltnahe Bildung und Erziehung des Kindes« (Bayerisches Staatsministerium für Arbeit und Sozialordnung, Familie und Frauen/Staatsinstitut für Frühpädagogik München (BStMAS/IFP 2012, 437).

Gerd E. Schäfer verweist in Bezug auf kindliches Lernen auf die Relevanz von Vorerfahrungen der Kinder:
»Damit man sinnvolle Bildungsangebote machen kann, muss man also etwas über diesen individuellen Kontext wissen, den Kinder mitbringen, und nicht nur von Inhalten etwas verstehen. Die wesentliche Frage bei Lernprozessen ist dann nicht, wie man dem Kind etwas beibringen oder erklären kann, sondern welchen Kontext es an Wissen und Erfahrung braucht, damit es den Sinn dessen, was ihm da erzählt oder beigebracht wird, verstehen kann« (Schäfer 2005, 20, 21).

Unter inklusiven Gesichtspunkten geht es jedoch weniger um das Beibringen als vielmehr um die wechselseitigen Erfahrungen im Sozialraum und deren gemeinsame Aufarbeitung mit dem Ziel, die Bedingungen für uneingeschränkte Partizipation zu verbessern sowie bestehende Hindernisse wahrzunehmen und abzubauen.

Durch die Erkundung der wohnortnahen Umgebung, der Natur und durch die Einbeziehung der Kontakte zu Geschäften, Betrieben und sozialen und kulturellen Institutionen wird die Sensibilität für die real existierenden Partizipationsbedingungen und bestehende Barrieren auf Seiten aller Beteiligten erweitert.

In pädagogischer Hinsicht ist dies nicht neu – hinzuweisen sei etwa auf Ansätze wie dem von Georg Feuser (1984). Im Sinne einer »kindzentrierten« Pädagogik (vgl. Feuser 2012 [1984], 15; 1987) findet das Lernen aller Kinder in solchen Situationen an/mit einem »gemeinsamen Gegenstand« (a.a.O., 18) statt. In idealer Weise lernen Kinder in Kooperation miteinander und in natürlicher Weise auf ihrem jeweiligen Entwicklungsniveau (vgl. ebd.). Konkret zielt die Umsetzung dieses pädagogischen Anspruchs auf die Arbeit am Projekt (vgl. Seitz 2009, 34). Die in heterogenen Gruppen vorhandenen unterschiedlichen Entwicklungsniveaus wirken hierbei zusammen und tragen somit zu individuellen Erkenntnisleistungen bei (vgl. a.a.O.).

Vor diesem Hintergrund gilt es, die verbreitete Praxis von zielgruppenbegrenzten Angeboten kritisch zu überdenken. Werden kindliche Interessen in Form sozialraumorientierter Projektarbeit aufgegriffen, können in der Reflektion des Erlebten – alle Bildungsbereiche gemäß bildungspolitischer Leitlinien kindzentriert und am Individuum orientiert berücksichtigt werden. In der Jugendminister- und Kultusministerkonferenz (2004) heißt es:

»Bei Kindern […] herrschen informelle, erkundende und spielerische Lernformen, die von den Erwachsenen begleitet und auch gesteuert werden. […] Lernangebote sind so zu gestalten, dass sie bei den Kindern die Lust und Freude am Lernen wecken und den kindlichen Forscherdrang erweitern und unterstützen. […]. Kindertageseinrichtungen bieten in einem entspannten Lernklima optimale Voraussetzungen für die Entfaltung von Erlebnisfähigkeit und Aufnahmebereitschaft sowie für die Förderung erkundenden und entdeckenden Verhaltens wie Staunen, gezieltes Fragen und Infragestellen« (Jugendministerkonferenz/Kultusministerkonferenz 2004, 6).

Auch an diesem Zitat wird deutlich, dass Kindzentrierung bildungspolitisch bislang stark in Abhängigkeit von gesteuerter pädagogischer Begleitung gesehen wurde. Dass Inklusionsorientierung im Sozialraum systematisch dessen Veränderung in Bezug auf Partizipationschancen und den Abbau bestehender Barrieren in Betracht zieht, ist dabei bisher nicht oder nur in Einzelfällen mitgedacht. Somit wird deutlich, dass sich pädagogische Lern- und Sozialisationsprozesse im Sozialraum inklusiv gestalten lassen und entwickeln können. In der Vernetzung mit öffentlichen Einrichtungen ist auf einen (möglicherweise erst zu entwickelnden) wertschätzenden Umgang zu achten.

7.3 Schnittstellen zum schulischen Bildungssystem

Der Übergang zwischen Kindertagesstätte und Grundschule ist in seiner Relevanz sowohl in den Bildungsleitlinien der Länder, als auch in der Fachliteratur für Kindertageseinrichtungen erkannt. Gemäß Beschluss der Jugendminister-/Kultusministerkonferenz (2004) haben Kindertageseinrichtungen und Schulen

»[...] gemeinsame pädagogische Grundlagen, die in der Förderung der Gesamtpersönlichkeit des Kindes, seiner Selbsttätigkeit und Selbstständigkeit sowie im Aufbau tragfähiger sozialer Beziehungen liegen. Die gemeinsamen pädagogischen Grundlagen sind wesentliche Voraussetzungen für die Entwicklungs- und Bildungskontinuität. Zugleich akzeptieren Kindertageseinrichtungen und Schulen die unterschiedlichen pädagogischen Zugangsweisen und bringen der je eigenen Gestaltung von Bildungsprozessen die nötige Wertschätzung entgegen« (Jugendministerkonferenz/Kultusministerkonferenz 2004, 8).

Eine gute Kooperation mit der (wohnortnahen) Schule ist demnach nicht nur für Kinder im Vorschulalter von Bedeutung. Die langfristig angelegte gemeinsame Gestaltung von Entwicklungs- und Bildungsprozessen der Kinder fußt auf dem kontinuierlichen Kontakt zwischen allen beteiligten Einrichtungen. Auf der Ebene eines partnerschaftlichen und – im inklusiven Sinne – gleichberechtigten Miteinanders muss Zusammenarbeit nicht als leidige Pflicht, sondern als Gewinn erlebt werden und sich somit zu einer »breiten Kooperation zwischen Kindertagesstätte und Grundschule« (Roßbach 2013, 301) entwickeln.

Besteht bei den beteiligten Pädagoginnen und Pädagogen ein Verantwortungsbewusstsein gegenüber den Kindern, welches nicht an der Tür der jeweiligen Institution endet, bzw. beginnt, dann sollte es selbstverständlich sein, kooperativ und institutionell übergreifend zusammenzuarbeiten. Leonhard Blaum[3], der als Rektor die Grundschule Würzburg-Heuchelhof

---

3   Blaum, Leonhard (2013): Kommentare zur inklusionsorientierten Kooperation zwischen Kindertageseinrichtung und Schule. Interview vom 10.01.13. Würzburg: Ganztagsschule Heuchelhof

bereits vor über zwanzig Jahren nicht nur den Ganztagsbereich, sondern auch Integration vorangetrieben hat, betont in diesem Zusammenhang: »Die Idee muss von Herzen kommen« (Blaum 2013, o.S.).

Im Folgenden wird auf die Möglichkeiten und Chancen einer gelungenen Kooperation zwischen Kindertagesstätte und Schule näher eingegangen. Es wird aufgezeigt, wie sich eine langfristige Kooperation entwickeln und eine individuelle Begleitung von Kindern und Familien im Alltag und bezüglich des Übergangs aussehen kann.

Die wohnortnahe Grundschule ist in der Regel Teil der Umgebung der Kinder des Stadtteils. Durch Begegnungen oder bereits eingeschulte Geschwisterkinder stellt sie einen bekannten Bezugspunkt für die Kinder einer Kindertageseinrichtung dar. In den letzten Jahren wurden vielerorts Kooperationsformen intensiviert und verbindliche Rahmen vorgegeben (z.B. in Bayern und Baden-Württemberg) (vgl. Roßbach 2013, 301). Zudem ergibt sich aus der UN-Konvention eine Verantwortung, welcher sich die Schule vor Ort nicht mehr entziehen kann: Die wohnortnahe Grundschule als Schule für alle Kinder ihrer Umgebung. In den meisten Bundesländern sind Schulsprengel[4], bzw. Schulbezirke zumindest für Grundschulen nach den gesetzlichen Bestimmungen des jeweiligen Landes eingerichtet. Damit werden Kinder eines Wohnbezirks einer wohnortnahen Schule zugeordnet, damit sie die Schule gemeinsam mit den Kindern der Nachbarschaft besuchen können. Mit der Sprengelpflicht soll aber auch gleichzeitig eine Abwanderung in attraktiver erscheinende Schulen verhindert werden.

Kindern mit diagnostizierten Beeinträchtigungen wird jedoch entgegen den Bestimmungen der Besuch der wohnortnahen Schule mit der Begründung, die Schule sei auf die Art der Beeinträchtigung nicht vorbereitet, oft nicht ermöglicht. Gerade Kinder mit Beeinträchtigungen sollen im Sinne inklusiver Ansätze gemeinsam mit Geschwisterkindern und Kindern aus dem Kindergarten und aus der Nachbarschaft die wohnortnahe Schule besuchen können und nicht aus ihrem sozialen Umfeld herausgerissen werden. Der Aufgabe, eine gemeinsame Beschulungsmöglichkeit für alle Kinder im Schulsprengel zu schaffen, müssen sich die (Schul)Behörden sowie Pädagoginnen und Pädagogen der beteiligten Institutionen stellen und die Verantwortung für den Abbau bestehender Barrieren übernehmen.

Eine gelingende Kooperation zwischen dem Kindergarten und der entsprechenden wohnortnahen Schule ist dabei für alle Kinder, deren Eltern

---

4   Als erstes Bundesland hat Nordrhein-Westfalen im August 2008 alle Schulsprengel aufgehoben.
    http://www.schulen-vergleich.de/grundschule/die-grundschule.html, am 13.01.2014

und die Professionellen beider Institutionen von großer Bedeutung, zumal auf diese Weise Erfahrungen und Beobachtungen aus dem Kindergartenbereich im Umgang mit den Bedürfnissen der einzelnen Kinder mit in die Schule eingebracht werden können, um einen problemlosen Übergang im Sinne aller Beteiligten zu ermöglichen (vgl. Schöler 2009; ebd. 2005). Besteht zwischen den beiden Institutionen ein Verhältnis, welches mehr durch gegenseitige Abgrenzung als durch den Willen zur Annäherung gekennzeichnet ist, sind konzeptionelle Überlegungen und praktische Maßnahmen zur Entwicklung einer kontinuierlichen, im inklusiven Sinn konstruktiven Kooperation erforderlich. Beim Initiieren von inklusiven Kooperationsprozessen zwischen Kindertageseinrichtung und Schule ist es wichtig zu prüfen, inwieweit Schul- und Kindergartenatmosphäre zusammenpassen. »Wie ist die Willkommensstruktur? Ein gleicher ›Stallgeruch‹ ist wichtig« (Blaum 2013, o.S.)!

Für eine gute Zusammenarbeit ist es folglich bedeutsam, die jeweils eigenen Haltungen zu reflektieren und wechselseitig zu kommunizieren (vgl. Dorrance 2013a). Einladungen zu (gemeinsamen) Festen können den Beginn einer jahreszeitübergreifenden, langfristigen Kooperation darstellen. Auch im Rahmen von Projektarbeiten ist es möglich, aufeinander zuzugehen und wechselseitig auf Wissen, Erfahrungen, Materialien oder bestehende Kontakte zurückzugreifen. Gegenseitige Besuche der Pädagog/innen in den Institutionen können Kontakte intensivieren und Einblick in die jeweilige pädagogische Arbeit ermöglichen. Für die Kindergartenkinder ist es oft ein großartiges Erlebnis, als Gruppe eine Klasse der künftigen Schule zu besuchen, ebenso mögen es Schulkinder der unteren Klassen, gemeinsam ihren ehemaligen Kindergarten zu besuchen. Kontakt und Austausch wird hierbei als gegenseitige Bereicherung erlebt. Um den Anspruch einer intensiven, inklusionsorientierten Zusammenarbeit zu formulieren, ist es prinzipiell sinnvoll, mit diesem Anliegen auf den Kooperationspartner zuzugehen (vgl. Blaum 2013, o.S). Gemeinsame Projekte (wie z.B. Musizieren, Sport-/Kulturveranstaltungen, Sammelaktionen usw.) gewinnen durch einen offenen Austausch an Tiefe. Inklusive Werte können bei einem gemeinsamen Verständnis, sowohl bei der inhaltlichen Gestaltung, als auch in der Organisation und Durchführung der Vorhaben gemeinsam erlebt und/oder (weiter)entwickelt werden. Im Hinblick auf die gemeinsamen pädagogischen Grundlagen als Voraussetzungen für die Entwicklungs- und Bildungskontinuität sind kooperativ organisierte Weiterbildungen für die Pädagog/innen aller kooperierenden Einrichtungen anzustreben. Die Relevanz inklusionsorientierter Fortbildungen kann auch bereits im Beschluss der Jugendminister- bzw. der Kultusministerkonferenz von 2004 erkannt werden. Darin wird betont:

»Gemeinsame Fortbildungen des pädagogischen Personals, gemeinsame Projekte und der Aufbau von Kooperationsstrukturen sind wesentliche Grundlagen für die Optimierung des Übergangs von den Kindertageseinrichtungen in die Schulen« (Jugendministerkonferenz/Kultusministerkonferenz 2004, 9).

Auch im Bereich der Elternarbeit ist eine gute Kooperation von entscheidender Bedeutung. Neben dem Bestreben, eine gemeinsame inklusive Haltung zu entwickeln, kann das gemeinsame Agieren von Kindertageseinrichtung und Schule auch im Hinblick auf die Finanzierbarkeit und/oder die Gestaltung von Weiterbildungen, Projekten, o.ä. gewinnbringend sein. Profitierend von der Vielfalt und der Vielzahl der Beteiligten, können anstehende Kosten auf mehrere Schultern verteilt und wertvolle Kontakte der beteiligten Institutionen gebündelt werden. Vor diesem Hintergrund ist es auch sinnvoll, die benachbarten Kindertagesstätten im alltäglichen Miteinander einzubeziehen.

Schon nach dem Beschluss der Jugend- bzw. Kultusministerkonferenz von 2004 sollten die individuellen Entwicklungs- und Lernprozesse der Kinder sowohl in der Kindertagesstätte als auch in der Schule gefördert werden (vgl. Jugendministerkonferenz/Kultusministerkonferenz 2004, 8). In diesem Zusammenhang ist es jedoch wichtig, das gesamte Umfeld der Kinder zu erfassen. Neben der intensiven Zusammenarbeit mit den Eltern, ist es auch von Bedeutung, die Situation der Eltern in Bezug auf deren Erziehungsmöglichkeiten zu betrachten. Vor diesem Hintergrund kann ein funktionierendes Netzwerk und das Bilden eines Unterstützerkreises unter Einbeziehung der Schule für alle Beteiligten hilfreich sein. Durch die Kooperation mit den Eltern (oder auch Angehörigen) der wohnortnahen (und/oder einer bereits integrativ arbeitenden) Schule kann es gelingen, die Sinne in beiden Einrichtungen für die Bedürfnisse eines Kindes bzw. der Eltern zu schärfen. Dabei ist es wichtig zu registrieren, inwieweit bereits eine gemeinsame Basis im Bereich der Zusammenarbeit der beiden Institutionen vorhanden ist. Sind Schule und/oder Kindergarten inklusionserfahren? Verfügen Schule und/oder Kindergarten bereits über Kontakte zu inklusionsorientierten Kooperationspartnern? Existiert bereits ein Netzwerk? Sind die praktizierten diagnostischen Verfahren prozessorientiert?

Solche Fragen sind mögliche Anhaltspunkte in Bezug auf sinnvoll zu ergreifende Maßnahmen bzw. das Kontaktieren weiterer unterstützender Stellen. Dabei gilt es die individuell passenden Kooperationspartner mit einzubeziehen.

Schnittstellen zum schulischen Bildungssystem

In der Folge kann es zu personeller Unterstützung im Kindergartenalltag (je nach Wohnort etwa in Form von Einzelintegrationsfachkräften, Integrationshelfer/innen, Therapeutinnen und Therapeuten, Frühpädagoginnen und -pädagogen, mobilen Hilfen) kommen und/oder zu beratender Begleitung durch familienbegleitende, sozialpädagogische bzw. sozialpädiatrische oder medizinische Institutionen. Selbstverständlich sind Eltern in diesem Prozess mit einzubeziehen. Bereits vorhandenes Wissen, hilfreiche Kontakte und/oder bereits bestehende Unterstützerkreise stellen wertvolle Ressourcen dar, die es zu nutzen gilt. Aber auch Stadt-, Gemeinde- und Schulverwaltung sind mit ins Boot zu holen, wenn es um die Entwicklung inklusiver Maßnahmen bzw. um das Finden individueller Lösungen geht. Die Notwendigkeit einer engen Zusammenarbeit zwischen Kindertageseinrichtungen und städtischen, regionalen und/oder staatlichen Institutionen wird auch von Seiten des Gesetzgebers betont. Im SGB VIII (KJHG), 3. Abschnitt *Förderung von Kinder in Tageseinrichtungen und Tagespflege* heißt es hierzu:

> »Kinder mit und ohne Behinderung sollen, sofern der Hilfebedarf dies zulässt, in Gruppen gemeinsam gefördert werden. Zu diesem Zweck sollen die Träger der öffentlichen Jugendhilfe mit den Trägern der Sozialhilfe bei der Planung, konzeptionellen Ausgestaltung und Finanzierung des Angebots zusammenarbeiten« (SGB VIII, 2013, 1108).

Wie zu Beginn dieses Kapitels aufgezeigt wurde, sind es nicht nur Kinder mit einer diagnostizierten Behinderung, welche einen Unterstützungsbedarf haben können. In diesem Zusammenhang ist es sinnvoll, mit der Eingliederungshilfe Kontakt aufzunehmen, deren Aufgabe es ist, Kindern mit besonderem Förderbedarf die Teilhabechancen an der Gesellschaft zu ermöglichen, »sowie durch Bildungs- und Entwicklungsförderung ihre individuellen Möglichkeiten zu einem weitgehend selbstständigen Leben zu unterstützen« (Bock-Famula/Lange 2011, 10).

Vor diesem Hintergrund betonen die Autorin und der Autor des Länderreports *Frühkindliche Bildungssysteme 2011*:

> »Hervorzuheben ist, dass nicht nur Kinder mit einer Behinderung, sondern auch solche, die von einer Behinderung bedroht sind, Eingliederungshilfen erhalten können; somit bilden die Kinder, die einen Anspruch auf Eingliederungshilfe haben, eine durchaus heterogene Gruppe. Letztlich hängt die Gewährung einer Eingliederungshilfe von den konkreten Beurteilungskriterien eines Bedarfs ab – dieser wird allerdings bundesland- bzw. regionalspezifisch definiert« (ebd.).

Auf der Suche nach individuellen Unterstützungskonzepten wird die Kindergarten- und schuleigene (inklusive) Kultur, Struktur und Praxis stetig hinterfragt und herausgefordert, sich weiterzuentwickeln. Die Mitarbeiter/innen der Kindertageseinrichtung, das Kind und die Eltern gewinnen durch diesen Prozess an Sicherheit und Erfahrung. Für die wohnortnahe Schule ist das frühzeitige Wissen um einen ggf. vorhandenen individuellen Unterstützungsbedarf im Hinblick auf die Einschulung eines Kindes von Bedeutung. Die im Laufe des Unterstützungsprozesses gewonnenen Informationen sowie der Entwicklungsverlauf selbst bilden gemeinsam mit dem entstandenen Unterstützungssystem die Basis eines barrierefreien Übergangs vom Kindergarten in die Grundschule.

Gemäß des gemeinsamen Rahmens der Länder gestalten Kindertageseinrichtungen und Grundschulen den Übergang zusammen mit den Eltern und stimmen ihr Vorgehen auf- und miteinander ab (vgl. Jugendministerkonferenz/Kultusministerkonferenz 2004, 8). Im Zentrum des Geschehens steht das Kind. Demnach wechseln beim Übergang in die Grundschule nicht »die Kinder«, (alle auf vermeintlich gleichem Wege) die Institution, sondern verschiedene »Formen der Begleitung geben jedem einzelnen Kind die Chance, seine Potenziale und Talente optimal zu entfalten« (a.a.O., 9).

Hierzu ist es notwendig, dass sich Lehrkräfte und Erzieher/innen der Kindertageseinrichtung rechtzeitig intensiv untereinander austauschen. Auf Grund der Basis einer langfristigen, in den vorangegangenen Kapiteln beschriebenen Kooperation sind Voraussetzungen geschaffen, auch im Hinblick auf den Übergang in die Grundschule gut zusammenzuarbeiten. Auch nach der Einschulung, z.B. nach einem halben Jahr, ist ein erneutes Reflexionsgespräch diesbezüglich hilfreich. Eine differenzierte bedürfnisorientierte Herangehensweise ist in diesem Zusammenhang unverzichtbar. Auch die Ergebnisse der Jugendministerkonferenz/der Kultusministerkonferenz (2004) betonen eine differenzierte Herangehensweise in Bezug auf die ersten Schuljahre. So wurde beispielsweise die Notwendigkeit einer flexiblen Schuleingangsphase erkannt. Hierzu heißt es:

> »Flexible Modelle des Schulanfangs, die unter weitgehendem Verzicht auf Zurückstellungen allen Kindern eine individuelle Förderung ermöglichen, sind geeignet, den Bildungsprozess der Tageseinrichtung fortzuführen« (Jugendministerkonferenz/Kultusministerkonferenz 2004, 8).

Auf Grund des im vorangegangenen Kapitel beschriebenen Unterstützungsbedarfes liegt es nahe, dass weitere Möglichkeiten erarbeitet werden müssen, welche geeignet sind, Übergangs- und Bildungsprozesse individuell zu gestalten. Es ist daher im Sinne einer optimalen Begleitung erforderlich, sich regelmäßig mit Übergangsprozessen auseinanderzusetzen.

Barbara Bartsch[5] erklärt hierzu: »Der Arbeitskreis tagt regelmäßig zum Thema Inklusion. Wir müssen auf jedes Individuum zugehen« (Bartsch 2013, o.S.).

Auf jedes Individuum zuzugehen ist, sowohl von Seiten der Schule, als auch von Seiten der Kindertageseinrichtung, spätestens seit März 2009, nicht mehr eine Frage des Wollens, es ist gesetzliche Verpflichtung. Gemäß Artikel 24 Absatz 2 der UN-Konvention über die Rechte von Menschen mit Behinderungen (UN-BRK) haben Menschen mit Behinderungen oder chronischen Erkrankungen das Recht, gleichberechtigt mit anderen in der Gemeinschaft zur Schule zu gehen (vgl. Artikel 24 Abs. 2 lit b BRK). Weiterhin wird darin betont, dass die Vertragsstaaten sicherstellen müssen, dass »angemessene Vorkehrungen für die Bedürfnisse des einzelnen getroffen werden« (Artikel 24 Abs. 2 lit b BRK).

In Folge dieser gesetzlichen Grundlage ist es möglich, dass alle Kinder eines Kindergartens auf die wohnortnahe Schule wechseln können. Wie zu Beginn dieses Kapitels erwähnt, gilt es gemeinsam mit den Eltern das Ziel zu verfolgen, die bestmögliche schulische und soziale Entwicklung zu erreichen (vgl. Artikel 24 Abs. 2 lit e BRK, bzw. NETZWERK ARTIKEL 3 e.V.). Hierbei ist die Haltung der Mitarbeiter/innen von Kindertageseinrichtung und Schule in der Kooperation entscheidend. Auch der Faktor Zeit spielt in diesem Zusammenhang eine große Rolle. Zeitliche Ressourcen für kooperative Treffen sind in der Regel gar nicht oder nur in nicht ausreichendem Umfang vorhanden. Blaum empfiehlt diesbezüglich eine entstandene Idee zunächst auszuprobieren, das Engagement zu dokumentieren und bei gelungener Kooperation die Ressource einzufordern (vgl. Blaum 2013).

7.4 Zur Bedeutung von Diagnostik in einer inklusionsorientierten Kooperationspraxis

Im Sinne einer bedürfnisorientierten und kindzentrierten Pädagogik sind Kooperationen mit Ärzt/innen, Therapeut/innen, Psycholog/innen, Früh-, Sozial-, Heil-, und Sonderpädagog/innen unverzichtbar. Nur durch eine gelungene Zusammenarbeit ist es möglich, jedem Kind ein tragfähiges Sozialgefüge unter der Gewährung von Hilfen (vgl. Feuser 2012 [1984], 13) bereitzustellen – Hilfen, welche durch das Zusammenwirken aller am Ent-

---

5 Bartsch, Barbara (2013). Kommentare zur inklusionsorientierten Kooperation zwischen Kindertageseinrichtung und Schule. Interview vom 10.01.13. Würzburg: Ganztagsschule Heuchelhof

wicklungsprozess des Kindes Beteiligten gemeinsam veranlasst bzw. geleistet werden.

Simone Seitz betont, »[...] dass es in der Pädagogik und Didaktik über eine möglichst genaue Diagnostik an die entwicklungslogischen Prozesse der Individuen anzuknüpfen gilt [...]« (Seitz 2009, 33).

Folglich ist es ein Anliegen, das aktuelle Entwicklungsniveau des Kindes zu erfassen – mit dem Ziel, zu ergründen, wie es sich weiter entwickeln kann (vgl. ebd.). Johannes Mand und Marcel Veber betonen in diesem Zusammenhang, dass diagnostische Informationen benötigt werden, nicht um Zuweisungen in andere Institutionen zu legitimieren, sondern um zu helfen »Anregungen für die individualisierte Förderung von Kindern mit und ohne Behinderung zu gewinnen« (Mand/Veber 2008, 94).

Auf Grundlage der Kooperation in interdisziplinären Teams kann ein wesentliches Ziel der integrativen Pädagogik erreicht werden, welches auch im inklusiven Sinne von Relevanz ist: Das Ziel der »Gewährung aller für Gesundheit, Erziehung und Bildung erforderlichen Hilfen und fachlichen Qualitäten in allen Lebensbereichen« (vgl. Feuser 2012 [1984], 21).

Schöler rät Eltern im Hinblick auf diagnostische Prozesse Folgendes: »Wenn Sie mit ihrem Kind für eine Begutachtung durch einen Arzt vorstellen sollen, dann fragen Sie genau nach der Begründung« (Schöler 2009, 21).

In Bezug auf bevorstehende Einschulungen von Kindern mit Behinderungen gibt sie zu bedenken, dass in den meisten Fällen

»Schulärzt/innen wenig Erfahrung mit den speziellen pädagogischen Problemen (haben), die sich aus der medizinischen Diagnose einer Behinderung ergeben; sie sind oft unsicher und können sich nicht vorstellen, wie gemeinsamer Unterricht in der ›normalen Klasse‹ möglich sein soll« (ebd.).

Somit wird deutlich, wie relevant Bewusstseinsbildung von Eltern bzw. begleitenden Pädagoginnen und Pädagogen bezüglich des Stellenwerts und der Funktion von diagnostischen Prozessen ist. Auch im Hinblick auf die Kooperation mit Therapeutinnen und Therapeuten gilt es, inklusionsorientiert zu agieren. Finden Therapien in der Kindertageseinrichtung statt, empfiehlt Sabine Herm in ihrer Funktion als Kindertagesstättenberaterin:

»Alle therapeutischen Bemühungen sollen im Einklang mit pädagogischen Zielsetzungen gesehen werden. [...]. Nur in Ausnahmefällen und zeitbegrenzt sollte die therapeutische Versorgung in der Einzelsituation stattfinden, denn die Unterstützung der kindlichen Fähigkeit zu Interaktion, Kommunikation und Erlebnissen in der Gemeinschaft hat hohe Priorität« (Herm 2012, 74f).

Herms Empfehlungen decken sich mit den integrationspädagogischen Erkenntnissen Feusers aus den 1980er Jahren. Demnach ist es unsinnig, die Kinder zu therapeutischen Zwecken von ihren momentanen Bedürfnissen und Motivationen loszureißen, um sie zumeist passiv erdulden zu lassen, was ihnen aufgezwungen wird (vgl. Feuser 2012 [1984], 15). Vielmehr geht es um ein konstruktives Miteinander im Sinne einer kindzentrierten Pädagogik. Im Konkreten bedeutet dies, sowohl »materielle als auch personelle Hilfen, derer sowohl behinderte wie nichtbehinderte Kinder bedürfen, […] am Ort des Lernens und nicht isoliert in Therapieräumen […] zu gewähren« (a.a.O., 25).

Georg Feuser merkt weiterhin an, dass es im Rahmen der interdisziplinären Zusammenarbeit gilt, kooperative und kommunikative Handlungen ständig neu herzustellen und zu erhalten (vgl. a.a.O., 15). Besonders bemerkenswert ist in diesem Zusammenhang das »Prinzip des Kompetenz-Transfers« (ebd.). Durch den bereichernden, wechselseitigen fachlichen Austausch erfahren alle Mitarbeiter/innen, Pädagoginnen und Pädagogen, Therapeutinnen und Therapeuten usw. eine permanente Wissenserweiterung und Wertschätzung – eine Bereicherung für alle Beteiligten.

8 Inklusion und Bildung im Kindergarten

Sylvia Feußner

Inklusion in Bildung und Erziehung zielt darauf ab, dass allen Kindern und Jugendlichen ein angemessenes Entwicklungsumfeld geboten wird. Für die pädagogische Arbeit heißt das, »dass Konzepte, Programme und Aktivitäten an die Bedürfnisse und Interessen der Kinder anzupassen sind und nicht umgekehrt, dass die Kinder sich den strukturellen Gegebenheiten und konzeptionellen Vorgaben anzupassen haben« (Kron 2012, A. 15; siehe auch Abbildung 2).

Erst ein solcher Perspektivenwechsel ermöglicht die Teilhabe aller Kinder. Bevor der Beitrag Bildungsprozesse in Kindertageseinrichtungen unter inklusiven Bedingungen beleuchtet, wird zunächst auf Merkmale des Rechts auf Bildung eingegangen (siehe Abbildung 1). Das hier wiedergegebene 4-A-Schema wurde von Katarina Tomaševski bereits im Jahr 1998 entwickelt. Sie unterscheidet *adaptability, acceptability, access* und *availability* (Adaptierbarkeit, Akzeptierbarkeit, Zugänglichkeit und Verfügbarkeit).

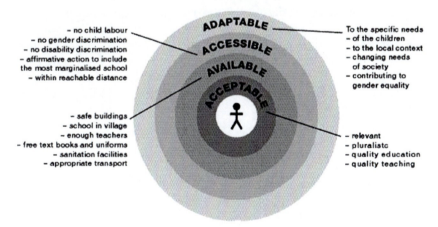

Abbildung 1: Visualising the 4 As: Education Rights Circle Diagramm (ActionAid International Tomaševski, Katarina 2008) – Die vier Lernbedingungen

Tomaševski meint mit *Adaptierbarkeit (adaptability)*, dass Erziehung und Bildung sich auf die Erfordernisse von Gesellschaft, Gemeinwesen und die Bedürfnisse des Individuums zur Entfaltung seiner einzigartigen Persönlichkeit beziehen sollen (vgl. Kron 2012, 19; ActionAid International/ Tomaševski: Right to Education Project 2008). Entsprechend muss das Erziehungs- und Bildungssystem seine Bildungsgänge durchlässig gestalten und Curricula flexibel auf die Individuen und ihre Bedürfnisse und Lebenslagen anpassen, so dass kein Kind und kein Jugendlicher zurückbleibt.

»Der Diversity-Ansatz der inklusiven Bildung räumt den Kindern das Recht auf Verschiedenheit ein. Alle Kinder sind gleich und verschieden; alle Kinder sind mit gleichen Rechten ausgestattet und zugleich in ihrer Unterschiedlichkeit willkommen« (Wocken 2013a, 94).

Akzeptierbarkeit (acceptability)

»bezieht sich auf Form, Inhalt und Qualität der Bildung. Kinder und Jugendliche haben das Recht auf Teilhabe am gleichen Curriculum und dürfen nicht auf reduzierte Sondercurricula festgelegt werden. Eine diskriminierungsfreie Akzeptierbarkeit ist nur dann gegeben, wenn auch die pädagogischen Methoden und Hilfen hochwertig sind. Nur eine Bildung, die dem fortgeschrittenen Stand des pädagogischen Könnens und Wissens entspricht, ist qualitativ akzeptabel« (Wocken 2013a, 93).

In der UN-BRK findet die Ausdrucksweise der »angemessenen Vorkehrungen für eine wirksame und gleichberechtigte Teilhabe« Verwendung, was mit dem Kriterium der *Akzeptierbarkeit (acceptability)* des 4A-Schemas durchaus vergleichbar ist. Akzeptierbarkeit beinhaltet die Forderung nach Ressourcen für eine angemessene personelle und materielle Ausstattung, um Form, Inhalt und Qualität von Bildung gewährleisten zu können (vgl. Wocken 2013a, 93).

Zugänglichkeit (access)

Ein weiterer Punkt, der die Strukturebene von Bildung beschreibt, ist das Moment der *Zugänglichkeit (access)*. Allen Gesellschaftsmitgliedern ist uneingeschränkter Zugang zu allgemeinen Bildungseinrichtungen zu gewähren und zu garantieren.

Kinder mit Behinderungen müssen ein Bildungsangebot wahrnehmen können »mit anderen in der Gemeinschaft, in der sie leben« (UN-BRK 42, 2d). Die dafür notwendigen Ressourcen und Unterstützungen sind seitens des Bildungssystems bereitzustellen. Damit ist die wohnortnahe Entfernung der Bildungseinrichtung, eine kostenlose – oder wenigstens für alle finanziell erschwingliche – Zugänglichkeit sowie architektonische Barrierefreiheit gemeint.

Verfügbarkeit (availability) schließlich zielt darauf, dass in jeder Region, also mit Blick auf die Infrastruktur flächendeckend für alle Kinder funktionsfähige Bildungseinrichtungen im vollen Umfang zur Verfügung zu stehen haben, die die volle selbstbestimmte Teilhabe garantieren (vgl. Kron 2012, 22).

Aus inklusiver Perspektive ist in Bezug auf die Gestaltung des Bildungssystems nicht das einzelne Kind oder eine Gruppe von Kindern mit bestimmten (als defizitär diagnostizierten) Merkmalen das zu bewältigende Problem, sondern die Bedingungen, die das Bildungssystems durch seine spezifische Gestalt hervorbringt (Abbildung 2) (vgl. United Nations Educational, Scientific and Cultural Organisation 2005, 26).

»Bildung ist ein allgemeines Gut, das für alle Kinder in gleicher Weise frei verfügbar sein muss. Bildung in separaten Institutionen widerspricht dem Gleichheitsgebot. Der oberste US-amerikanische Gerichtshof hat im Jahre 1954 im Falle der schwarzen Pfarrerstochter Linda Brown das weltweit beachtete Urteil gesprochen: Separate is not equal – getrennt ist nicht gleich. Mit diesem Urteil wurden aussondernde Schulen als eine diskriminierende Verletzung des Gleichheitsgebots und damit als verfassungswidrig deklariert (Wocken 2013a, 92).

Inklusion und Bildung im Kindergarten

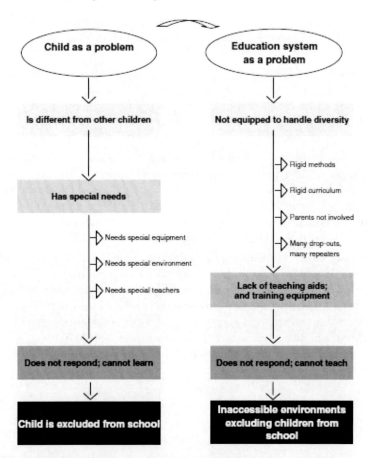

Abbildung 2: Nicht das Kind ist das Problem, sondern das System.
Education through the Inclusion Lens (United Nations Educational, Scentific and Cultural Organisation 2005, 27)

Abbildung 2 macht die Logiken der beiden gegensätzlichen Perspektiven deutlich, die es im Kontext von Inklusion erfordern, von einem Perspektivenwechsel zu sprechen. Die UNESCO weist darauf hin, dass Bildungssysteme im Sinne der UN-BRK entsprechend anzupassen sind. Kindertageseinrichtungen, ihre Konzepte, die der Arbeit zugrundeliegenden Leitlinien und Gruppenangebote sind dabei als Teil des Bildungs- und Erziehungssystems zu betrachten.

Weiterhin ist in Art. 24 der UN-BRK festgelegt, dass Bildung, Betreuung und Erziehung gemeinsame Aufgaben sind und dass jedes Kind ein Recht auf gemeinsames und lebenslanges Lernen hat. Auf dieser Grundlage findet auch eine gemeinsame Bildung, Betreuung und Erziehung in einer Kindertageseinrichtung statt.

Wie steht es um den Bildungsauftrag in Kindertageseinrichtungen aus inklusiver Perspektive und welche Möglichkeiten es gibt in diesem Zusammenhang, auf dem Weg der Inklusion voranzukommen?

8.1 Die Bedeutung von Bildung in einer Kindertageseinrichtung

Die folgenden Zeilen verdeutlichen, welche Bedeutung Bildung in Kindertageseinrichtungen zukommt.

»Alles, was ich wirklich wissen muss drüber, wie man lebt, was man tut und wie man ist, habe ich im Kindergarten gelernt. Weisheit liegt nicht auf der Spitze des Universitätsbergs, sondern im Sandkasten des Kindergartens. Das sind die Dinge, die ich gelernt habe: Teile alles. Sei fair. Schlage niemanden. Tu die Dinge dahin zurück, wo du sie gefunden hast. Räume Deine Unordnung selbst auf. Nimm nichts, was Dir nicht gehört. Entschuldige Dich, wenn Du jemandem wehgetan hast. Wasch Deine Hände vor dem Essen. Drück die Spülung. Warme Kekse und kalte Milch sind gut für Dich. Lebe ein ausgewogenes Leben: lerne etwas und denke etwas und zeichne und male und singe und tanze und spiele und arbeite jeden Tag etwas. Mache jeden Nachmittag einen Mittagsschlaf. Wenn Du in die Welt hinausgehst, pass auf den Verkehr auf, haltet euch an den Händen und bleibt zusammen. Sei dir der Wunder bewusst. Erinnere Dich an das kleine Samenkorn im Blumentopf: Die Wurzeln gehen nach unten und die Pflanze nach oben, und keiner weiß wirklich wie oder warum das so ist, aber wir alle sind diesem Samenkorn ähnlich. Goldfische und Hamster und weiße Mäuse und sogar das kleine Samenkorn im Blumentopf – sie alle sterben. Auch wir sterben. Und dann erinnere Dich an Deine Lesebücher und das erste Wort, dass Du gelernt hast – das größte Wort aller Wörter: Schau« (Fulghum 1986).

Bildung ist ein Prozess, dem im familiären und institutionellen Kontext grundlegende und weichenstellende Bedeutung zukommt (vgl. Hansel/Schneider 2008, 29). Bildung ermöglicht die Entdeckung und Aneignung von Welt in einem kokonstruktiven Prozess. Aus diesem Grund heraus ist Bildung auch immer zugleich Ergebnis von pädagogischer Intervention von außen und Eigenaktivität des Subjekts im Sinne von Selbstbildung. Dieser Prozess vollzieht sich immer in Wechselwirkung zwischen der eigenen Person und der Umwelt (vgl. Laewen/Andres 2008, 16).

Inklusion und Bildung im Kindergarten

Aus der Annahme, dass Bildung immer aus Wechselwirkungsprozessen zwischen Person und Umwelt resultiert, ergibt sich, dass auch und angesichts der im Alter von null bis sechs Jahren bestehenden entwicklungspsychologischen Aufgaben gerade in dieser Phase, die Bedingungen für (Selbst)Bildung auf den Prüfstand gestellt werden müssen. Kinder machen ihre eigenen Wahrnehmungen, sie lernen Erkenntnisse miteinander zu vergleichen und in Beziehung zueinander zu setzen. Dieses aktive Ein- und Zuordnen der anzueignenden Welt verschafft dem Kind eine strukturierte und zunehmend differenzierte Vorstellung über Wirklichkeit.

In der Lebensphase, in der Kinder das Kindergartenalter erreichen, weitet sich die räumliche, soziale und kognitive Lebenswelt des Kindes aus. Aufgabe von Kindertageseinrichtungen ist damit über Betreuung und Erziehung hinaus, individuell auf die Persönlichkeitsentwicklung jedes Kindes einzugehen und diese zu begleiten sowie durch die Bereitstellung von Gelegenheiten Neugier und Lerninteresse zu unterstützen. Dies bedeutet in den Bereichen der sozio-emotionalen Entwicklung, der kognitiven Entwicklung sowie der alltagspraktischen Lerninteressen die Vielfalt der unterschiedlichen Bedürfnisse zu gestalten. Dabei ist die Einzigartigkeit des einzelnen Kindes nicht als etwas Beeinträchtigendes zu sehen, sondern als eine Bereicherung und gegebene Bedingung für die pädagogische Bildungsarbeit (vgl. Hansel/Schneider 2008, 30). Es gibt keine andere Lebensphase eines Menschen, in der Entwicklungs- und Bildungsprozesse so eng miteinander verflochten sind, wie in der (frühen) Kindheit.

Die Dreigliedrigkeit von Bildung, Betreuung und Erziehung ist in § 2 des Kindertageseinrichtungsgesetzes verankert. Bildung wird dabei als aktive Aneignung von Welt, Kultur und Natur von Geburt aus verstanden. Erziehung beschreibt in diesem Zusammenhang die Gesamtheit der Aktivitäten und der Verhaltensweisen von Erwachsenen im verantwortlichen Umgang mit den Kindern im Blick auf die Vermittlung von (kultur- und milieuspezifischen) Regeln und Normen. Erziehung spielt sich damit immer als Interaktion zwischen Erziehenden und den zu Erziehenden ab. Unter Betreuung wird die umfassende Sorge für das leibliche und seelische Wohlbefinden der Kinder verstanden. Wie oben erwähnt, ist das Bild vom Kind gekennzeichnet durch seine individuelle (Selbst)Wahrnehmung als einzigartige Persönlichkeit und aktiver (Mit-)Gestaltung seines Bildungsprozesses (vgl. Bergs-Winkels 2010, 25).

Grundlage für eine aktive und gezielte Bildungsarbeit in Kindertageseinrichtungen ist die beobachtende Wahrnehmung des Kindes. Die Beobachtung und Dokumentation der eigentlichen Entwicklungsverläufe jedes einzelnen Kindes sind Ausgangsbasis für eine gelingende, individuelle Förderung von Fähigkeiten, Begabungen und Talenten. Unter inklusiven Gesichtspunkten erscheint es geboten, Beobachtungen auf die Möglichkeiten und die Vielfalt kindlicher Handlungen, Vorstellungen, Ideen, Werke und Problemlösungsstrategien hin auszurichten. Beobachtungen beziehen sich auf Bedürfnisse und Fähigkeiten eines jeden einzelnen Kindes (vgl. a.a.O., 26). Die Methode des systematischen aber auch unstrukturierten Beobachtens dient der individuellen Förderung und ist Ausdruck von gleichen Bildungschancen, die auch Kindern mit sogenannter Beeinträchtigung ermöglicht werden.

8.2 Die Realisierung von Bildungszielen in einer integrativen Kindertageseinrichtung

Abbildung 3 verdeutlicht, dass das einzelne Kind, unabhängig davon ob mit oder ohne sogenannte Beeinträchtigung, immer an oberster Stelle steht. Dabei darf es keine teilhaberelevante Rolle spielen, ob Beeinträchtigungen im körperlichen Bereich, in der Sprache, in der Kognition oder in kulturellen oder milieuspezifischen Herkünften ausgemacht werden. Pädagogische Fachkräfte stehen dabei im Spannungsfeld zwischen einem inklusiven pädagogischen Bildungsanspruch und gesellschaftlich hergestellten Rahmenbedingungen mit ihren wirkmächtigen Differenzen, die ihre Bedeutung in der Praxis erlangen.

Inklusion und Bildung im Kindergarten

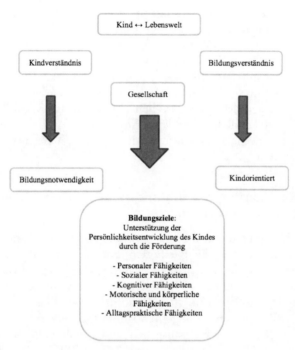

Abbildung 3: Bildungsziele (Hansel/Schneider 2008, 33)

Personale Fähigkeiten ermöglichen dem Kind, Bildungsziele und -inhalte nicht als etwas fremdbestimmt zu »Lernendes« ansehen, sondern sich spontan und selbstgeleitet der Entdeckung und Aneignung von Welt zu widmen. Kinder erleben diese Art des *Forschens* als etwas Positives und Befriedigendes, was zur Bildung eines stabilen und positiven Selbstwertgefühls beiträgt. Kinder erfahren sich durch ihr »Tun« als erfolgreich (Selbstwirksamkeit) und lernen gleichzeitig ihre (veränderbaren) Grenzen kennen. Weiterhin wird die Fähigkeit zur (Selbst)Reflexion gestärkt, welche gleichzeitig Chancen zu Selbstkontrolle und Selbststeuerung eröffnen. Dank des »Forschens« gelingt die Erfahrung von Selbständigkeit im Denken und Handeln, wird die Reflexion von Normen zum Verstehen von Regeln und zur Übernahme einer allgemeinen anerkannten Wertorientierung unterstützt. Daher ist es wichtig, die Kinder eigene Erfahrungen sammeln zu lassen und ihnen diese nicht in autoritärer Weise ohne Begründungen aufzuzwingen (vgl. Hansel/Schneider 2008, 34). Kindertageseinrichtungen können Kindern einen solchen Gelegenheitsraum bieten, weil hier Lernen ohne Zwang und ohne begleitende Versagungsängste stattfinden kann.

Die Realisierung von Bildungszielen in einer integrativen Kindertageseinrichtung

Ein weiterer wichtiger Aspekt, der ebenso zur Persönlichkeitsentwicklung beiträgt und damit Aufgabe des Kindergartens ist, besteht in der Entwicklung und Förderung sozialer Kompetenz. Diese ist bedeutend für das Verhältnis des Kindes zu seiner Umwelt. Darüber hinaus sind in diesem Zusammenhang Soziabilität sowie die Entwicklung der kindlichen Kommunikations- und Kooperationsfähigkeit von Bedeutung. Ebenso zählt die Vernetzung von gesammelten Erfahrungen mit neue gewonnenen Erfahrungen zur Entwicklung sozialer Fähigkeiten. Die aktive Förderung von sozialer Sensibilität, die gerade unter der Bedingung gemeinsamer Bildung, Betreuung und Erziehung von Kindern mit und ohne sogenannter Beeinträchtigung stattfindet, führt zur Entwicklung von Verständigungsfähigkeit, Rücksichtnahme und Verantwortungsbereitschaft für sich, andere und anderes. Weiterhin begünstigt die gemeinsame Betreuung, Bildung und Erziehung auch, dem Individuum ein belastungsfähiges Konflikt- und Kompromissverhalten zu verschaffen. Dies wiederum führt zu Reziprozität und Empathie (vgl. ebd.).

Neben der sozialen Entwicklung ist die kognitive Entwicklung der Kinder ein wichtiges Bildungsziel in Kindertageseinrichtungen. Hierzu zählt zum Beispiel die Förderung von Abstraktions- und Merkfähigkeit, von Vorstellungsvermögen und differenzierter Wahrnehmung. Um den Kindern über die elementarpädagogische Entwicklung hinaus eine gute Entwicklung in dieser Hinsicht zu ermöglichen, ist es wichtig, sie mit ihrer belebten und unbelebten Umwelt vertraut zu machen. Um dies zu ermöglichen, ist eine multidimensionale Ausprägung kognitiver Stützfunktionen Voraussetzung. In der Kindertagesstätte wird allgemeine Sprache und Sprechfähigkeit in sozialen Situationen eingeübt und erlebt – was von besonderer Bedeutung ist angesichts des größer werdenden Anteils an Einzelkindern sowie Kindern aus Familien, die aufgrund des sozialen Herkunftsmilieus Schwierigkeiten haben, ein entsprechendes Anregungsmilieu zu bieten.

Im Zuge von ganzheitlich geplanten Angeboten wird auch das Konzentrationsvermögen und somit die Ausdauer der Kinder geschult. Kinder, die sich täglich mit ihrer Umwelt auseinandersetzen, benötigen Ausdauer, um sich Dinge erklären zu können. Weiterhin stellt die Ausbildung von Orientierungsfähigkeit einen wichtigen Lernprozess für Kinder dar. Hierzu zählt das innere Verstehen des Körpers und die Wahrnehmung des eigenen Körpers. Weiterhin zählen hierzu alle Wahrnehmungsbereiche und Sinne. Wer sich und sein Inneres kennt, schafft es auch in der Umwelt zu agieren. Das Zusammenspiel dieser Aspekte kognitiver Kompetenzen, die Kinder im Kindergartenalltag erfahren können, bildet ein komplexes Ganzes. Körperliche Fähigkeiten und die Ausbildung von motorischen Fähigkeiten bauen auf die oben beschriebene Orientierungsfähigkeit auf.

Inklusion und Bildung im Kindergarten

Die Ausbildung der genannten Fähig- und Fertigkeiten sind abhängig von der Gestaltung der Lernprozesse. Inwieweit diese in integrativen Situationen die Möglichkeit von wechselseitigem Austausch und gegenseitiger Unterstützung eröffnen, entscheidet über deren Qualität. Die pädagogische Aufgabe des Fachpersonals orientiert sich dabei an einer individuell ausgerichteten situationsspezifischen Begleitung und Unterstützung (vgl. Hansel/Schneider 2008, 36).

8.3 Zusammenfassung

Kindertageseinrichtungen als gestaltete Lebensräume erfüllen in einer zentralen Lebensphase von Kindern die Aufgabe, Grundlagen für die kindliche Entwicklung auszubilden. Dort erfahren Kinder lebenspraktische Dinge ebenso, wie sie wesentliche Momente der Selbsterfahrung erleben. Die Vermittlung von kognitiven Wissensstrukturen gestaltet sich somit aus der konkreten Erfahrung in pädagogisch begleiteten alltagspraktischen Sachzusammenhängen.

Dabei den Bogen zu einer ganzheitlichen Pädagogik zu ziehen bedeutet, dass die Dinge individuell für jedes Kind zugänglich gemacht werden. Kindertageseinrichtungen müssen den Kindern Raum bieten zur individuellen Entwicklung. Die pädagogische Fachkraft konzentriert sich auf die Unterstützung des einzelnen Kindes. Die pädagogische Fachkraft kann den Kindern dabei nur Impulse geben. Ein weiterer in inklusiver Hinsicht entscheidender Faktor ist das Lernen mit-, unter- und voneinander (vgl. Hansel/Schneider 2008, 37). Dies hat die Herstellung inklusiver Kontexte in einer Kindertageseinrichtung zur Voraussetzung. Die Kinder werden in ihrer gesamten Entwicklung gestärkt und erfahren durch die gemeinsame Bildung, Betreuung und Erziehung, dass jeder Mensch individuell ist und es keinen Makel darstellt, wenn ein Kind zum Beispiel im Rollstuhl sitzt oder etwas nicht so gut kann wie ein anderes Kind.

Gemeinsame Bildung, Betreuung und Erziehung ist eine große Chance für alle Kinder. Die Kinder wachsen gemeinsam auf und empfinden ihre Vielfältigkeit, ihre jeweiligen Stärken und Schwächen als selbstverständlich, Kinder mit sogenannten Beeinträchtigungen lernen sich in Interaktion mit ihrer Umwelt und anderen als Teil derselben kennen.

Die Begriffe Inklusion und Bildung sind nicht getrennt voneinander zu diskutieren, sondern in Theorie und Praxis miteinander zu verknüpfen. Nicht nur im Bereich der Kindertageseinrichtungen ist dies von Bedeutung.

9 Wer ist schon normal? Der diagnostische Normalitätsbegriff im Widerspruch zur inklusiven Wertschätzung von Vielfalt

Julia Bastian, Esther Michel

Pädagoginnen und Pädagogen, die sich am Wohl der Kinder orientieren, erhalten in Fachliteratur vielfältige Handlungsempfehlungen. So heißt es beispielsweise bei Claudia Mähler, dass bei der Förderung von Kindern »[...] Entwicklungsrückstände aufgedeckt werden und zwar insbesondere dort, wo durch inklusive Bildung das Augenmerk auf Kinder mit Benachteiligung [...] gerichtet wird« (Mähler 2010, 7).

Doch lässt sich heute der Auftrag an inklusiv arbeitende Pädagoginnen und Pädagogen im frühkindlichen Bereich wirklich auf den Umgang mit drohenden oder eingetretenen Entwicklungsrückständen reduzieren? Hat inklusive Bildung den zentralen Auftrag, »auffällige« Kinder, die laut Diagnose oder Augenschein eine besondere Förderung benötigen, von »normalen« Kindern, die den durchschnittlichen Anforderungen zu entsprechen scheinen, abzugrenzen und diese gesondert zu unterstützen? Was kann überhaupt unter einem in diesem Sinne »normal« entwickelten Kind verstanden werden und wie kann im Gegensatz dazu eine diagnostische Einschätzung als »Risikokind« erfolgen (vgl. ebd.)?

Ausgehend von diesen Fragen wirft dieses Kapitel einen kritischen Blick auf eine diagnostische Praxis, die durch eine weitgehend unhinterfragte Verwendung des Normalitätsbegriffs Kinder in ihrer Entwicklung be- und dadurch nicht selten zu einer separierten Bildungskarriere verurteilt. Dazu soll zunächst ein Augenmerk auf den gegenwärtigen, durch Förderdiagnostik geprägten Istzustand in vielen pädagogischen Einrichtungen gelegt werden. Der dort verwendete Normalitätsbegriff wird auf seine Legitimation im Kontext einer inklusiven pädagogischen Praxis hin untersucht und dabei ein alternatives Verständnis von Förderung und Entwicklung als Funktion von Diagnostik entworfen. Eine Betrachtung der gängigen Umgangsweise mit als »auffällig« diagnostizierten Kindern schließt sich an. Im begrenzten

Diagnostik und Inklusion

Rahmen dieses Beitrags soll dabei der Fokus auf Kinder mit Aufmerksamkeitsdefizitsyndrom (ADS), bzw. mit Aufmerksamkeitsdefizit-/Hyperaktivitätsstörung (ADHS), gelegt werden, da diese in der heutigen Zeit vielfach getroffene und gewissermaßen zeittypische Diagnosen darstellen.

Die kritischen Betrachtungen liefern die Grundlage, um die Vision einer pädagogischen Praxis zu entwerfen, die eine diagnostische Kategorisierung überwindet und sich stattdessen auf die Individualität des Kindes und seine offene Entwicklung konzentriert. Im Fazit werden die wichtigsten Erkenntnisse der vorliegenden Argumentation zusammengefasst und in Bezug zu den Ausgangsfragen gesetzt.

9.1 Istzustand: Förderung von Normalität

In der gegenwärtigen pädagogischen Praxis herrscht auch 40 Jahre nach Entstehen der Integrationsbewegung die Tendenz, Kinder, die sich anders als die Mehrheit ihrer Altersgenossen verhalten, als »auffällig« zu bezeichnen und dementsprechend zu behandeln (vgl. Knauer 2009, 55 f.). Ausgesprochenes oder unausgesprochenes Ziel von Förderung ist es, diese Auffälligkeiten zu reduzieren und ein möglichst »normales«, sich in die Gesellschaft einfügendes Verhalten, zu erreichen. Doch ist der Begriff der Normalität in Bezug auf Menschen und die sich aus einer solchen Praxis ergebenden Verfahrensweisen aus inklusiver Perspektive überhaupt zu vertreten? Dieser Frage soll im Folgenden nachgegangen werden.

Der diagnostische Normalitätsbegriff

Der Begriff »normal« wird im alltäglichen Sprachgebrauch in vielen Situationen verwendet. Bestellt man beispielsweise beim Italiener die »normale« Pizza anstelle der Spezialversion mit extra Peperoni, so meint man damit das Standardprodukt ohne besondere Extras. Werden die Themen komplexer (z.B. ein »ganz normaler Lebenslauf« im Vergleich zu einem »außergewöhnlichen«), wird es rasch unmöglich, eine allgemeingültige Definition für das in diesem Sinne Normale zu finden.

In der pädagogischen Diagnostik – welche sich mit der Individualität des Menschen, also dem Komplexen schlechthin befasst – wird versucht, eine Definition für Normalität auf der Basis statistischer Verfahren festzulegen. Anhand von Normtabellen, welche die Ergebnisse einer ausreichend großen Anzahl von Personen repräsentieren, können Durchschnitte, Normalverteilungen und Abweichungen vom Durchschnitt rechnerisch ermittelt und mit dem jeweils zu testenden Individuum verglichen werden. Dies soll eine möglichst allgemeingültige und angemessene Beurteilung gewährleisten. Claudia Mähler schreibt hierzu: »Für die Individualdiagnostik ist die Normierung beinahe unerlässlich, denn sie ermöglicht den Vergleich der individuellen Testwerte mit einer vergleichbaren Eichstichprobe« (Mähler 2010, 34).

Die Definition »normal« in Bezug auf kindliche Entwicklung und Verhalten wird demnach von einer statistischen Norm abgeleitet und als synonym für »dem Durchschnitt entsprechend« verwendet.

Betrachtet man diese Vorgehensweise unter dem Aspekt der in Art. 1 des Grundgesetzes als unantastbar festgeschriebenen Würde jedes Menschen, ist solch eine Kategorisierung von Kindern fragwürdig (vgl. Deutscher Bundestag (2012) [1949], Art. 1). Normtabellen, die in der Industrie sinnvolle Dienste leisten mögen (beispielsweise bei der Qualitätseinordnung von Holz nach bestimmten Merkmalsausprägungen mit dem Ziel einer daraus ableitbaren optimalen Verwendung), degradieren die Individualität von Kindern zu Funktionen von Abweichungsgraden. Dies ist umso mehr der Fall, da es bei Menschen keinen »optimal verwendbaren Normalbereich« geben kann und darf. Eberwein und Knauer postulieren deshalb: »Als Pädagogen haben wir die ethische und programmatische Pflicht, uns gegen den [...] zur Norm erhobenen perfektiblen Menschen, gegen die Kategorisierung, Homogenisierung und Reduzierung von Menschen zur Wehr zu setzen« (Eberwein/ Knauer 2009, 23). Einen ganz und gar konträren Normalitätsbegriff finden wir daher in der inklusiven Pädagogik in dem Leitspruch: »Es ist normal, verschieden zu sein« (vgl. Knauer 2009, 57).

Anstatt ein Individuum in seiner Einzigartigkeit mit einem (statistischen) Durchschnitt zu vergleichen, wird in einer inklusiven Praxis ausschließlich eine prozessbegleitende, beobachtende Diagnostik zur Feststellung der jeweiligen Stärken und Entwicklungspotentiale des Menschen verwendet. Denn »wenn es normal ist, anders zu sein – jeder von uns ist anders! –, wenn also die Vielfalt als Normalität angesehen wird, dann brauchen wir keine scheinbare Homogenität mehr anzustreben und bestimmte Menschen nicht mehr als normabweichend auszusondern« (Eberwein/Knauer 2009, 23).

Was die gegenwärtige Praxis der Aussonderung normalitätstheoretisch für Auswirkungen hat, soll im Folgenden näher untersucht werden.

Umgang mit »auffälligen« Kindern

Wenn Kinder in ihrem Verhalten als »auffällig« und »störend« empfunden werden, werden in vielen Fällen Fachleute nach ihrem diagnostischen Urteil gefragt. Die Tendenz, schnelle (und möglichst kostengünstige) Lösungen zu suchen und zu finden, hat zugenommen – diese Lösungen beruhen zumeist auf einfachen Erklärungen (vgl. Kette zitiert von Köhler 2002, 21). In der Folge wird eine schier unermessliche Vielfalt an Förderkonzepten in einem regelrecht inflationären Ausmaß entwickelt, um dem angenommenen Anteil von 30% lern- und verhaltensgestörter Kinder rasch und effizient abzuhelfen (vgl. Zwack-Stier/Börner 1998, 219). Obwohl Forschungen über die gewandelten Bedingungen und vielfältigen Belastungen heutiger Kindheit und Jugend auch die Zuschreibung gänzlich anderer Ursachen für die beobachteten Phänomene zulassen würden, wird normabweichendes, kindliches Verhalten primär aus medizinisch-organischem Blickwinkel betrachtet und neuropsychologisch unterfüttert (vgl. a.a.O. nach Naggl/Zangerle, 223).

Wenn es als unnötig erachtet wird, durch diagnostische Informationen ein vollständiges Bild der Persönlichkeit einer zu diagnostizierenden Person zu erstellen (vgl. Mähler 2010, 15), wird zwar die geforderte, schnelle Lösung gefunden, mit inklusivem Denken ist ein solcher Gedanke jedoch nicht vereinbar.

Der Psychoanalytiker James Hillmann konstatiert, dass Ärzte, Psychologen, Therapeuten, Lehrer und Eltern, die einen neurobiologisch-defektorientierten Erklärungsansatz verfechten, keinen Grund mehr sehen, nach eventuellen seelischen Hintergründen und Verhaltensauffälligkeiten zu suchen und diese in einen Beziehungskontext zu stellen (vgl. Hillmann zitiert von Köhler 2002, 77). Vor diesem Hintergrund wäre beispielsweise die Romanfigur Michel aus Lönneberga heutzutage wahrscheinlich mit Ritalin behandelt worden. Die Diagnose AD(H)S wird zudem häufig bei Kindern gestellt, die tatsächlich therapeutische Hilfe brauchen, allerdings aus ganz anderen Gründen (vgl. a.a.O., 78).

Kinder entwickeln dann Fertigkeiten, wenn wir nicht an ihren Fähigkeiten und individuellen Lernwegen zweifeln und ihnen ihre Originalität bewahren (vgl. Stern 2011, 153). Stattdessen erleben Kinder heute im Erziehungs- und Bildungssystem eine zunehmende Differenzierung und Kategorisierung durch den ständigen wertenden Vergleich mit anderen. In der Verwendung der Diagnostik für selektive Zwecke liegt also ein Grunddilemma dieser Art von Pädagogik (vgl. Boban/Hinz, 1998, 151).

Diagnostik wird zum Zweck der Ressourcenbeschaffung (zum Beispiel Bewilligung von Integrationshelfern usw.) ge- oder missbraucht, obwohl ihr eigentliches Anliegen die lernprozessbegleitende Unterstützung von allen Kindern und Jugendlichen sein sollte. Wenn wir durch ein diagnostisches

Verfahren Unterschiede zwischen Kindern mit und ohne sonderpädagogischen Förderbedarf ausmachen, haben wir eine Zweiteilung vorgenommen sowie eine (vermeintlich wissenschaftlich grundierte) Theorie der Andersartigkeit von Menschen mit und ohne Behinderung angewendet (vgl. ebd.).

»Entsprechend einem medizinischen und pädagogischen Verständnis, das nur am Defekt, an der Störung, an der Behebung einer Auffälligkeit orientiert ist, stellen sich große Bereiche der als Therapie deklarierten Maßnahmen als ihr Gegenteil dar, nämlich als Persönlichkeitsstörung« (Jantzen zitiert von Köhler 2002, 85).

Kinder im allgemeinen und sogenannte verhaltensoriginelle Kinder im Besonderen (sowie deren Eltern) stehen heute unter erheblichem Druck, sich den für sie vorgesehenen angeblich besten Förderoptionen zu fügen. Als Hauptregel gilt: Sei möglichst unauffällig und funktioniere. Bei der »ewig quertreibenden Spezies Kind« erzeugt der wachsende Anpassungsdruck jedoch immer mehr Anpassungsverweigerung, Tendenz steigend (vgl. ebd.).

»Normalisierung bedeutet jedoch nicht das Hinbiegen von Menschen mit Behinderungen in Richtung auf Erfüllung gesellschaftliche Geltung beanspruchender Normvorstellungen, sondern die Chance, den gesellschaftlichen Normvorstellungen entsprechend handeln zu können, woraus erst die Freiheit resultieren würde, aus eigener Überzeugung sich gegebenenfalls von ihnen zu emanzipieren« (Dorrance 2010, 58).

Die Vision einer solchen Freiheit soll im Folgenden entworfen werden.

9.2 Zukunftsvision: Förderung der Vielfalt

Mähler konstatiert, dass Diagnostik mit standardisierten Testverfahren ein wichtiger Baustein des gesamten diagnostischen Prozesses darstellt, um zur Objektivierung anderer Informationsquellen des Prozesses beizutragen (vgl. ebd.). Die diagnostische Situation ist jedoch eine dialogische Begegnung, in der das Kind ein Individuum, eine unteilbare Leib-Seele-Geist-Einheit darstellt (vgl. Krawitz 1998, 126). »Eine auf Objektivität ausgerichtete Diagnostik vermag zwar statistische Daten zu erfassen, die Bedeutung dieser Daten bleibt jedoch im Dunkeln« (ebd.).

Um eine Lernprozessdiagnostik im ethisch verantwortlichen, pädagogisch sinnvollen und methodisch ertragreichen Sinne zu realisieren, ist die Herstellung einer objektiven Diagnose-Situation ein inadäquater Weg (vgl. ebd.). Damit Kinder sich in allen Facetten ihres Menschseins zu individuellen Persönlichkeiten entwickeln können, wird ein grundsätzlicher Paradigmenwechsel der ethischen gesellschaftlichen Grundlagen benötigt und zwar nicht nur im Hinblick auf bildungspolitische Belange (vgl. Knauer 2009, 53). Die Annahme, dass für Individualdiagnostik eine Normierung unerlässlich sei (vgl. Mähler 2010, 32), ist dabei nur eine von vielen Barrieren auf dem Weg zu einer Schule für alle (vgl. a.a.O. 36).

Wünschenswert wäre eine Diagnostik, die nicht nur den fragwürdigen Status quo einer standardisierten und quantifizierenden Momentaufnahme von Leistungen, Wissen, Fähigkeiten oder Fertigkeiten kritisiert, sondern darüber hinausgehende, qualitative Erkenntnisse über die sozio-kulturelle Lebenslage, die individuellen Interaktionsmöglichkeiten und den subjektiven Lernprozess eines Kindes gewinnen möchte (vgl. Krawitz 1998, 127). Durch die Veränderung des Blickwinkels der diagnostischen Frage (im Sinne von: Was stimmt nicht mit dem Kind und unter welche Kategorie fällt es?), läge der Fokus dann auf der Frage: Was kann eine Einrichtung in Bezug darauf leisten, was dem Kind (heute noch) Mühe bereitet (vgl. Haug 2008, 41)? Es geht damit also primär um die Ermöglichung von Partizipation. Inklusion bedeutet nicht, dass alle Kinder im Sinne einer Einheitspädagogik über einen Kamm geschoren werden. Das Signal heißt vielmehr: Die Institution soll so gestaltet werden, dass sie für alle geeignet ist (vgl. a.a.O., 40). Die Regelpädagogik muss gemeinsam mit den Beständen und Erfahrungen sonderpädagogischen Wissens zu einer umfassenden, neu zu entwickelnden,»Allgemeinen Pädagogik« fortentwickelt werden (vgl. Feuser in Knauer 2009, 60). Andernfalls würde die Entwicklung immer neuer Spezialpädagogiken in immer differenzierteren Einrichtungen hervorrufen (vgl. ebd.).

Grundvoraussetzung der Förderung von Individualität ist demnach ein neues Menschenbild und eine neue pädagogische Grundhaltung, ein »inklusionspädagogisches Ethos« (vgl. Wocken 2010, 3). Aus der bejahten Verschiedenheit und Gleichwürdigkeit aller Kinder ließe sich eine Pädagogik der Vielfalt ableiten. Eine Pädagogik, die ihr Augenmerk auf alle Schüler/innen richtet, also auch auf die Kinder, die keine Behinderung im medizinischen, sozialrechtlichen oder sonderpädagogischen Sinne aufweisen (vgl. Knauer 2009, 59). Solche Veränderungen setzen die Mitwirkung des gesamten Personals voraus. Sie nur denjenigen zu überlassen, die für das sonderpädagogische Programm verantwortlich zeichnen, würde das Risiko beinhalten, dass viele derjenigen Kinder, die mutmaßlich keine sonderpädagogischen Bedürfnisse haben, nur ungenügend berücksichtigt würden (vgl. Haug 2008, 40). Die sogenannten »normalen« Kinder leiden ebenso unter Leistungsdruck, Über- und Unterforderung, sozialen Spannungen in Familie und Schulklasse, unter Ungerechtigkeiten und Außenseiterpositionen (vgl. Knauer 2009, 59).

Zukunftsvision: Förderung der Vielfalt

Hier stellt sich wieder die Frage: Was ist normal und was ist auffällig? Als Beispiel dient erneut die Sammelbezeichnung ADS; hier werden Menschen subsumiert, die nicht nachweislich krank sind, sondern einen hypothetischen Krankenstatus zugewiesen bekommen (vgl. Köhler 2002, 23). Wie auch immer das defektologisch stigmatisierte Kind auf die Diagnose und den ihm auferlegten therapeutisch medikamentösen Disziplinarkatalog reagiert, es internalisiert die Botschaft: Du bist so, wie du bist, für deine Mitwelt unzumutbar und das hat Folgen (vgl. a.a.O. 26).

Wie sollen sich sogenannte Kinder ohne Behinderung einfühlsam auf einen Austausch mit Benachteiligten einlassen, ihnen Offenheit, Respekt und Toleranz entgegenbringen, solange ihre eigenen Bedürfnisse und Problemlagen ignoriert werden (vgl. Knauer 2009, 59)? Gegenseitige Akzeptanz und aufrichtiges Interesse füreinander, vollzogen in wechselseitiger Annäherung, sind der Schlüssel zur Inklusion. Diese Forderung zur Förderung der Individualität gilt ausnahmslos für alle an Lernprozessen Beteiligten: Lehrer, Erzieher, Eltern, Freunde, die Gesamtgesellschaft.

Bildungspolitisch betrachtet scheint diese Zielrichtung gegenwärtig eher an Konsensfähigkeit zu verlieren (vgl. Knauer 2009, 56). Wie sollen pädagogische und soziale Einrichtungen ihren inklusiven Bildungs- und Erziehungsauftrag erfüllen, wenn die ethischen Prinzipien einer heterogenen, vielfältigen und demokratischen Gesellschaft nicht auf bildungspolitische Belange heruntergebrochen werden? Erst wenn auch »Nichtbehinderte« in der vollständigen Einbeziehung von Menschen mit besonderen Bedürfnissen eine für sie selbst erstrebenswerte Normalität erkennen und nicht einen altruistischen, karitativen Akt von Seiten einer sich als normal definierenden Mehrheit, ist ein tatsächlicher Paradigmenwechsel vollzogen (vgl. a.a.O., 60).

Eine personalistische Pädagogik betont die personale Einzigartigkeit eines jeden Menschen und respektiert das Recht auf Individualität (vgl. Dorrance 2010, 81). »›Das Selbst als ein Anderer‹ (Ricoeur 2005) und das ›Miteinander der Verschiedenheit‹ (Adorno 1966) werden zum Maßstab für ethisches, politisches, soziales und pädagogisches Denken und Handeln« (ebd.).

Eine solche Haltung würde eine diagnostische Verhaltensbeobachtung mit dem Ziel der therapeutischen Kategorisierung überflüssig werden lassen. Denn der Mensch kann kein Messinstrument sein. Menschliche Wahrnehmung kann durch viele Einflüsse verzerrt werden (vgl. Mähler 2010, 58). Erst wenn es in der Diagnostik nicht mehr als diagnostischer Beobachtungsfehler angesehen wird, wenn ein Diagnostiker oder eine Diagnostikerin sich vom Gesamteindruck eines Menschen leiten lässt, befinden wir uns auf einem inklusiven Weg.

Diagnostik und Inklusion

Jedes Kind weist Bedürfnisse, aber ebenso Ressourcen auf, an denen pädagogisch anzusetzen ist (vgl. Dorrance 2010, 53), und zwar mittels einer »individuellen Sonderpädagogik« für alle, im Sinne egalitärer Differenz. Schon Wilhelm von Humboldt sah in der vielseitigen Bildung der Individualität die vornehmste Aufgabe des Menschen. Eine Individualisierung, durch die der Mensch seine Persönlichkeit ausbilden kann (vgl. Textor 1999).

9.3 Zusammenfassung

Im vorliegenden Beitrag wurden normierende Diagnosepraktiken kritisch in Bezug auf ihren Umgang mit der Einzigartigkeit jedes Menschen betrachtet. Es konnte aufgezeigt werden, dass der dort verwendete Begriff der Normalität die Würde des Menschen in ihrer Vielfalt angreift und daher in einer inklusiven Pädagogik fehl am Platz ist. In der Folge ist auch der derzeitige selektierende Umgang mit »auffälligen«, also nicht der Durchschnittsnorm entsprechenden Kindern reformbedürftig.

Formulierungen, wie »zusätzlicher« oder »besonderer« Förderbedarf für sogenannte »Risikokinder« werden demnach unbrauchbares und überflüssiges Vokabular sein, denn jedes Kind hat auf Grund seiner Einzigartigkeit einen besonderen, individuellen Förderbedarf (vgl. Eberwein/Knauer 2009, 24). Dabei geht es nicht um die Leugnung dieser Begrifflichkeiten bzw. ihrer Existenz im pädagogischen Alltag, sondern vielmehr um die in Kapitel 3 beschriebene Beseitigung einer aussondernden Praxis, wodurch kategorisierende Diagnosen überflüssig würden (vgl. Dorrance 2010, 67). Es geht um eine Gemeinschaft (sei es im Kindergarten, in der Schule oder in der ganzen Gesellschaft), wo jeder mit seinen Bedürfnissen und Stärken gesehen wird und willkommen ist.

Für inklusive (Früh)Pädagoginnen und (Früh)Pädagogen bieten diese Forderungen eine große Chance und gleichzeitig Herausforderung: Jedes Kind und alle an ihrem Bildungsprozess Beteiligten sollen »mit ins Boot« geholt werden, um gemeinsam die individuelle Entwicklung zu begleiten und zu unterstützen. So wird der geforderte Paradigmenwechsel in Sichtweite rücken: »Die Unterschiedlichkeit aller Menschen ist kein zu lösendes Problem, sondern eine Normalität. An diese Normalität wird das System angepasst, nicht umgekehrt« (Albers 2011, 15).

Ausgehend von diesem neuen pädagogischen Verständnis der Normalität wird eine prozessbegleitende Diagnostik zum Wohl der Kinder entwickelt werden müssen.

10 Insgesamtkinder in der AllerleiMenschenSchule. Eine Untersuchung aus der Perspektive der Kinder

Sigrid Conrad

Die Perspektive der Kinder spielt bei der Herstellung inklusiver Bildungsräume eine zentrale Rolle. Sie ist für die Ausführung des Leitungsauftrages von inklusiven Kindertageseinrichtungen und Schulen von grundlegender Bedeutung. Das Expertenwissen der Kinder liefert gerade im inklusiven Entstehungsprozess eine wichtige Orientierungsressource. Deshalb kommen in diesem Kapitel konsequent Kinder als Forscher/innen[6] zu Wort. Die Vorstellungen der Forscher/innen werden durch ihre Bilder und Interviewaussagen deutlich. Die Daten wurden zum einen in einer Kindertageseinrichtung erhoben, die vorwiegend Familien mit dem Diskriminierungsmerkmal Armut begleitet. Weitere Informationen stammen aus einer Grundschule.

In der Kindertageseinrichtung beschäftigten sich die Forscher/innen mit der Frage, wie eine Kindergartenchefin aussieht und was sie machen soll, damit es den Kindern im Kindergarten gut geht. In der Schule orientierte sich der Forschungsauftrag an der Frage, wie sich die Forscher/innen eine *Schule für alle Kinder* vorstellen. Im Verlauf des Datenerhebungsprozesses wird sie von den Schüler/innen als »Schule für Insgesamtkinder« bezeichnet (Conrad 2013).

Forscher/in H. besucht die vierte Klasse dieser Grundschule. »Das ist eine ›Allerlei-MenschenSchule‹, die direkt auf den Wolken gebaut ist« kommentiert er seine Vorstellung von einer Traumschule für alle Kinder (Forscher/in H. zitiert nach Conrad 2013).

Menschen können die Schule auf dreierlei Art erreichen, mit dem Schuljet, dem Schulhubschrauber und dem Zug von der Erde (vgl. ebd.). Alle Klassenräume sind ausschließlich über Fahrstühle zu erreichen, deren Bewegung über eine Ampel geregelt wird, um Zusammenstöße zu vermeiden (vgl. ebd.). Kinder und Lehrer werden täglich aus allen Ländern der Erde

---

6 Kinder werden in diesem Abschnitt konsequent als Forscher/innen bezeichnet

gebracht. »Es gibt Menschen mit verschiedenen Sprachen, verschiedenen Behinderungen und welche, die fleißiger oder fauler sind, eben Leute aller Art« (ebd.).

Das besondere an der Schule ist, erklärt Forscher/in H., dass man mit Spaß verschiedene Sprachen lernt (vgl. ebd.). Während des Lernens der Wörter hüpft man auf einem Trampolin. Das können Lehrer oder Kinder sein, je nachdem, wer die Sprache am besten spricht (vgl. ebd.). Forscher/in H. konstatiert, »der Spaß kommt durch die Bewegung in die Schule« (ebd.).

Abbildung 1: AllerleiMenschenSchule Forscher/in H.

Der Erfinder der AllerleiMenschenSchule liefert einen erdachten inklusiven Plan. Er rückt die Perspektivenvielfalt als Bildungsressource in den Mittelpunkt. Seine Idee entstand im Rahmen eines Aktionsforschungsprojektes. Das Thema lautete: »die Kinderperspektive von Schulen für Insgesamtkinder«.

Die Ausführungen des Forschers schließen an die neue Rechtslage an, die den bildungspolitischen und pädagogischen Diskurs seit der Ratifizierung der UN-Behindertenrechtskonvention im März 2009 hierzulande verändert hat. Aus der Verpflichtung Deutschlands, gemäß Artikel 24, Absatz 1, Satz 2, das anerkannte Recht von Menschen mit Behinderung auf Bildung ohne Diskriminierung, auf der Grundlage der Chancengleichheit zu verwirklichen, folgt der Auftrag der Gewährleistung eines integrativen Bildungssystems, das lebenslanges Lernen auf allen Ebenen ermöglicht (vgl. United Nations (UN) 2008). Jede Schule und jede Kindertageseinrichtung hat die Pflicht, alle Kinder ohne Ausnahme willkommen zu heißen. Damit ist die Anforderung an eine Atmosphäre verbunden, die Familien wohlwollend, im Sinne teilhabender Lernarrangements empfängt. Es geht dabei nicht um die Frage, ob eine Bildungseinrichtung alle Kinder des Einzugsgebietes aufnehmen möchte, sondern vielmehr darum, welche Schritte zum Gelingen der inklusiven Verpflichtung gegangen werden.

Die anschließende Auseinandersetzung lädt zu einer Reihe solcher Schritte ein, insbesondere Leitungsschritte. Sie beschäftigen sich mit der Partizipation der Kinder an inklusiven Bildungsprozessen auf Augenhöhe. Kann sich ein solcher Anspruch mit den Entwicklungskräften der Kinder ver-

Das Bild vom Kind

bünden? Wie gelingt es, die heterogene Wissensressource, die die Kinder täglich, quasi zum Nulltarif, mit in die Einrichtung bringen, zur Entfaltung zu bringen? Liegt hier der Schlüssel verborgen, Kinder in der Rolle eigenständiger Bildungsakteure zu sehen?

Welche Voraussetzungen müssen vorhanden sein, um darüber hinaus das Recht auf Bildung als »Empowerment-Recht« der Kinder zu akzentuieren? Unter welchen Bedingungen können Kindertageseinrichtungen und Schulen dem Paradigmenwechsel der UN-Kinderrechtskonvention folgen und Kinder als prinzipielle Rechtssubjekte und weniger als Objekte von Bildung akzeptieren? Welche Entwicklungspotenziale entstehen daraus? Welche erkenntnistheoretischen Grundsätze fundieren eine an den Bedürfnissen und Fragen der Kinder ausgerichtete Lernweltgestaltung? Müssen bezüglich inklusiver Qualitätsentwicklung alle Räder neu erfunden werden, oder können Vordenker wie z.B. Janusz Korczak (s.u.) eine Rolle spielen, insbesondere unter Berücksichtigung der von ihm betonten besonderen Achtung vor der Würde des Kindes?

Inhaltlich orientieren sich die folgenden Ausführungen an der Schlüsselfrage, wie und warum Kindern im Rahmen inklusiver Entwicklungskontexte eine Stimme gegeben werden muss. Darüber hinaus besteht der Anspruch, die Ideen der Kinder exemplarisch, als Zeugnis ihres Wissens, einzuflechten.

Gerade Forscher/in S. weiß um die anstrengende und verantwortungsvolle Aufgabe einer »Kindergartenchefin« und berichtet, »manchmal ruht sie sich aus, auf der Ananasinsel« (Forscher/in S. zitiert nach Conrad 2013).

Der folgende erste grundlegende Akzent der inklusiven Debatte um die Kinderperspektive fokussiert das Bild vom Kind. Dabei spielen Wirklichkeit entwerfende Aspekte eine genauso wichtige Rolle wie reformpädagogische Wurzeln.

Abbildung 2: KIndergartenchefIn Forscher/in S.

10.1 Das Bild vom Kind

Die Frage, was ein Kind ist, bezeichnet Alfred Hinz, Leiter der Bodenseeschule, als Urfrage (vgl. Kahl 2005, DVD 1). »Wenn man darüber einen

Eine Untersuchung aus der Kinderperspektive

Minimalkonsens hat, geht alles Weitere wie von selbst« (Hinz zitiert nach Kahl, ebd.). Er geht davon aus, dass jedes Kind auf dieser Welt nur einmal vorkommt, für sich einmalig ist und lernen will (vgl. a.a.O., Textbuch, 79). Daraus resultiert im menschenrechtlich-inklusiven Sinne die Erkundung, wie mit einem Menschen umgegangen werden muss, der eine Würde hat (vgl. ebd.).

Christian Alt und Gabriele Gloger-Tippelt verweisen im Kontext der neueren Kindheitsforschung auf die Ermittlung der Lebenslagen, die Einfluss auf die Entwicklung der Persönlichkeit des Menschen ausüben (vgl. Alt/ Gloger-Tippelt 2008, 11). Diese Einflüsse können sehr komplex sein. »Individuen sind nicht nur passive Opfer der Verhältnisse, sondern immer auch Akteure dieser Umwelten« (Lerner zitiert nach Alt/Gloger-Tippelt 2008, 11). Es kommt auf das Verhältnis der Bezogenheit von Kindern auf ihre Umwelt an und wie sie selbst ihre Umwelt herstellen (vgl. ebd.).

Darauf baut das maßgebende Bild vom Kind auf und bezieht sich weiterführend auf konstruktivistische Theorien, die den Menschen als aktiven Gestalter seiner Umwelt begreifen. Einer der bedeutendsten Vertreter ist Jean Piaget. »Piaget versteht sich als Interaktionist und Konstruktivist« (Flammer zitiert nach Becker-Stoll 2009, 28). Der Mensch steht in ständigem Austausch mit sich selbst und der Welt. Die Anpassung an die Umweltverhältnisse geschieht durch Assimilation und Akkomodation. Daraus folgt, dass das Kind seine Entwicklung in handelnder Auseinandersetzung mit den Objekten seiner Umgebung erzeugt. Piaget betont, dass die Entwicklung des Menschen nicht nur auf der Grundlage von Anlage und Umweltprägung erfolgt, sondern er hebt die individuelle Aktivität als besonders bedeutend hervor (vgl. Flammer 2009, 151). Dabei spielen sensomotorische Wahrnehmungserfahrungen eine ausschlaggebende Rolle (vgl. Becker/Stoll 2009, 26).

Zeugnisse und Bilder frühkindlicher Entwicklung sind in dem Film »Kinder« (Kahl) entstanden. Der Film basiert auf der Vorstellung eines selbst bestimmten mündigen Menschen, der in der Lage ist, eigenverantwortlich zu handeln und um seine Autonomie weiß. Er unterscheidet sich von anderen durch seine Individualität. »Kinder können schon sehr früh entscheiden, z.B. wo, mit wem, mit was sie spielen wollen« (Kahl 2008). Der Pädagogin/dem Pädagogen kommt dabei die Rolle einer Entwicklungsbegleiter/in zu. Sie geht dabei davon aus, dass das Kind schon alles weiß, was ihm gesagt werden soll. Wissen ist bereits angelegt und kann bestenfalls durch eine pädagogische Begleitung der Wissenskonstruktion in eine angemessene Form gebracht werden (vgl. Kahl 2008). Kahl verweist auf

Kenntnisse aus der evolutionsanthropologischen Forschung über kulturelle Intelligenz. Dort wurde herausgefunden, dass Kinder viel früher als lange Zeit angenommen soziale Kompetenzen entwickeln können, die sie in die Lage versetzen, schon ab dem 18. Lebensmonat anderen Hilfe anzubieten und Wissen untereinander auszutauschen (vgl. ebd.). Der Filmemacher beschreibt Kinder als bekannte – unbekannte Wesen, die ihre Pädagog/innen mit ihrem Können überraschen (vgl. ebd.).

Daraus folgt für Pädagog/innen, wollen sie dieser Auffassung vom Kind folgen, dass sie Lehrende und Lernende zugleich sind. Sie »sind Mittelnde zwischen verschiedenen Kinderinteressen, Meinungen und Ergebnissen, aber nicht diejenigen, die die Wahrheit für sich gepachtet haben« (Kaiser zitiert nach Platte 2005, 221).

Wirklichkeitsentwerfende Aspekte

Ein konstruktivistisches Verständnis von »Welterfassen« spielt in der Frage nach der Lernweltgestaltung, die das Expertenwissen der Kinder wertschätzend integrieren will, eine bedeutende Rolle und soll in diesem Abschnitt weiter ausgeführt werden. Konstruktivistische Vertreter/innen betrachten den Menschen in erster Linie als Erfinder und Interpreten seiner Wirklichkeit. Menschliche Erkenntnis ist

»nicht bloß eine Widerspiegelung von Welt, sondern eine Konstruktion von Welt. Der Mensch steht der Welt also nicht bloß gegenüber. Er schafft die Welt überhaupt erst in seiner Erkenntnis bzw. in seinem Denken auf der Grundlage von Erfahrung und Handeln. Diese Erkenntnis ist (…) für die Pädagogik von Bedeutung (…), denn im Alltagshandeln sind Grundkonstruktionen von Konstrukten zu erkennen, die Hinweise liefern, auf welche Art und Weise, sowohl inhaltlich als auch formal und sprachlich, Kinder, Jugendliche und Erwachsene ihre individuelle Welt konstruieren. Auf der Praxisebene wird es daher bedeutsam, die pädagogische Praxis als ein Erfahrungsfeld zu organisieren, in dem der Erwerb von besonderen Konstrukten z.B. ethischen und politischen möglich wird« (Kelly, zitiert nach Platte 2005, 26).

Demnach steht die kindliche Aktivität der Wissenskonstruktion in einem engem Verwandtschaftsverhältnis zur Arbeit von Wissenschaftler/innen. »In der Schule ist der Schüler Wissenschaftler« (Lopez Melero, zitiert nach Platte 2005, 27). Für die vorliegende Auseinandersetzung ist diese Betrachtung wesentlich. Wissenschaftler/innen streben ebenso wie Kinder danach, sich durch ihre Arbeit ständig neu zu entdecken, zu erfinden, zu formen und zu ersinnen (vgl. ebd.).

Eine Untersuchung aus der Kinderperspektive

Forscher/in N. begegnet mit seiner Deutung von Traumschule der Aussage, dass Bildung sich im Austausch mit anderen gestaltet, in der Begegnung mit Ihnen und in ihrer Ergänzung.

»Das, was Grundschulkinder am meisten an der Grundschule bewegt, sind die anderen Kinder (…). Deswegen ist es eine didaktisch sehr produktive Art und Weise, den Unterrichtsgang oder der Versuch auf die anderen Kinder bezogen zu betrachten« (Kaiser, zitiert nach Platte 2005, 220).

Im Folgenden findet der Erkenntnisgewinn über die Konstruktion der Traumschule des Forschers N. durch die Verwendung einer Interviewtranskription, statt. Somit wird gleichzeitig Teilhabeanspruch und Respekt gegenüber dem Autor bekundet (vgl. Puhr/Budach 2013, 136). Die diesen Beitrag leitenden theoretischen Positionierungen verlangen nach Beschreibungen und Analysen ohne Referenz auf eine hinter einem Text liegende Wirklichkeit (vgl. ebd.).

Abbildung 3: Lehrerverbote Forscher/in N.

I.: »So, heute hast Du ja ein Bild gemalt, ein Bild von einer Traumschule für Kinder?«[7]

N.: »Mmh. Ja!«

I.: »Kannst Du mir mal erzählen, was Du da alles gemalt hast?«

N.: »Also ein Computerraum und den Eingang, Spielzimmer, Fahrstuhl, Treppen, Rutsche für die Fahrstuhlkinder, und ein Kind lernt und spielt am Computer und oben noch ist ein Spielraum. Dort sind Babys, Autos und noch Backofen, Kleider und noch zum Waschen für das Geschirr, Geschirr und Konfetti hab` ich gemalt (…).«

I.: »Und gibt es noch etwas wichtiges zu erzählen von Deiner Traumschule?«

N.: »Ja dort gibt`s keine Lehrer, die lernen gegeneinander und dürfen machen was sie wollen, sie dürfen auch was mitnehmen, was sie wollen, jetzt Nintendo, Handy oder so.«

---

7 Die Aussagen wurden der besseren Lesbarkeit halber orthografisch leicht bearbeitet.

Das Bild vom Kind

I.: »Und was machen die Kinder in Deiner Traumschule, wenn die machen was sie wollen?«

N.: »Spielen und bissel lernen.«

I.: »Und wie lernen die da?«

N.: »Gegeneinander. Also mit den Kinder lernen die, also, gegeneinander, zwei Kinder lernen meistens gegeneinander.«

I.: »Kannst Du mir genau erklären, wie das funktioniert?«

N.: »Das funktioniert beim gegenseitig Sachen beibringen. Ja. Ja.«

I.: »Meinst du, dass ein Kind dem anderen Kind sagt, was es schon weiß?«

N.: »Ja und die dürfen auch, wenn sie mal nicht in die Schule wollen, dann müssen die auch nicht in die Schule. Aber wenn sie dann in der Schule spielen wollen und lernen wollen, dann können sie hinkommen und dort gibt´s überhaupt gar keine Lehrer.«

I.: »Mmh.«

N.: »Nur Kinder.«

I.: »Und wenn dann andere Erwachsene mal in die Schule kommen wollen, dürfen die dann auch kommen, oder dürfen nur Kinder kommen?«

N.: »Lehrer? Nein. Eltern? Die dürfen gucken, also die dürfen gucken, wie das so aussieht und so und funktioniert und so, die dürfen dann von denen dürfen die dann mal einen Tag dabei sein.«

I.: »Die Eltern von den Kindern dürfen mal einen Tag dabei sein?«

N.: »Ja und zukucken, ja wie die Kinder in der Schule alleine lernen.

I.: »Mm. Und dürfen die Lehrer da auch mal zuschauen?«

N.: »Nein!«

I.: »Warum nicht?«

N.: »Die verstehen das nicht. Die Treppe ist für die Kinder, die Laufen können, das nebendran habe ich schief gemacht. Da können die Kinder laufen, die schieben und runter rutschen. Das Schieben geht gegenseitig und das Rutschen einseitig.«

I.: »Ah so... o.k... Und was ist da oben noch auf dem Dach?«

N.: »Ein Balkon, also bissel Rauch kommt wenn jetzt zum Beispiel, wenn jetzt Feueralarm kommt, und dann so der Rauch rausgehn, dass die nicht ersticken ja, das iss ja immer so, auch bei der richtigen Schule ja.«

I.: »Und wenn Du Dir Dein Bild jetzt noch einmal anguckst N., gibt es dann noch was wichtiges, was Du noch gar nicht erzählt hast? Was Du noch sagen willst? Was auch zu Deiner Traumschule gehört?«

N.: »Emh, mmh ja, dass man dort auch noch was, dass die Kinder jetzt auch Lehrer spielen können.«

I.: »Ah, ja o.k.«

N.: »Und dass die Kinder malen können und basteln können dort, wie im Kindergarten, das ist alles.«

I.: »O.k. dann schalt` ich jetzt mal aus.«

Forscher/in N. wirkt durch seine authentisch dargestellten Interviewimpulse bei der Fokussierung ko-konstruktiver Wissenserwerbe mit. Er lenkt die Aufmerksamkeit der Betrachter/in auf eigene subjektive Vorstellungen von Schule. Im Zusammentreffen der Aspekte von Forscher/in und Betrachter/in über Schule liegt die Möglichkeit des Erkenntniszugewinns.

»Jedes Tun ist Erkennen und jedes Erkennen ist Tun« postulieren die beiden chilenischen Vertreter des neurophysiologisch orientierten Ansatzes von Konstruktivismus (Matura/Varela, zitiert nach Platte 2005, 41). Sie verweisen auf eine zirkuläre Verbindung von Handlung und Erfahrung. »Indem die Art, wie ich bin, untrennbar ist von der Art, wie mir die Welt erscheint, bringt jeder Akt meines Erkennens eine Welt hervor« (ebd.). Die Traumschulforscher/innen liefern mit ihren Einfällen Impulse zum Bau von »alternativen Weltanschauungsgebäuden«, wie sie die Reformpädagogik zur Gestaltung inklusiver Bildungsorte bereithält (a.a.O., 158).

Reformpädagogische Wurzeln

Reformpädagogische Wurzeln sind insbesondere für die integrations- und inklusionspädagogische Bewegung von zentraler Bedeutung. Die Verbindung ist daran zu erkennen, dass es allen Reformpädagog/innen darum geht, mit einer heterogenen Kindergruppe zu arbeiten (a.a.O., 160). Der Ruf reformpädagogischer Schulen nach Veränderung der bestehenden Bildungsstrukturen ist vergleichbar mit der heutigen Wandlungsaufforderung inklusiver Konzepte.

»LehrerInnen und Lehrer, die heute in integrativen Klassen arbeiten und diese Arbeit im Sinne einer unteilbaren Integration verstehen, können heute in gleicher Weise als ›reformfreudig‹ bezeichnet werden wie die Vertreter der als Reformpädagogik bezeichneten Epoche« (ebd., 160).

Die besondere Stärke des reformpädagogischen Verständnisses beruht auf der engen Verbindung von Theorie und Praxis. Erkenntnistheorien wurden in der unmittelbaren Lernwelt überprüft und weiterentwickelt (vgl. ebd.). Bemühungen um Bildungsreformen fokussieren darüber hinaus politische und gesellschaftskritische Aspekte, die auf eine Veränderung der Gesellschaft durch die Kindertageseinrichtung und die Schule abzielen. Sie gründen unmittelbar im Bild vom Menschen.

»Der heute anzustrebende Wandel der Gesellschaft in eine inklusive Gesellschaft, die den Einzelnen als Subjekt, als Wert an sich erkennt, der sich nicht in der ›Nützlichkeit‹ und ›Produktivität‹ des Menschen darstellen kann, benötigt wieder ›Reformpädagogen‹, die ihre Kraft in dieses Ziel investieren« (a.a.O., 137).

Schon 1905 erinnerte Ellen Key in ihrem Buch vom Jahrhundert des Kindes klar an dieses dringende Anliegen. Sie postuliert:

»Einzelreformen in der modernen Schule bedeuten nichts, solange man durch dieselben nicht bewusst die große Revolution vorbereitet, welche das große System zertrümmert, und von diesem nicht einen Stein auf dem anderen lässt« (Key, zitiert nach Platte 2005, 137).

Heute verwenden wir eine andere Sprache. Dennoch werden inklusive und gesellschaftliche Ziele nur durch gravierende und nachhaltige Veränderungen erreicht werden (vgl. Wilhelm zitiert nach Platte 2005, 137).

Janusz Korczak (1878 – 1942)

Der Mediziner, Sozialpädagoge und Waisenhausvater Janusz Korczak betrachtet das Kind als Einheit von Leib und Seele (vgl. Ungermann 2006, 365). Es verfügt über einen eigenen Willen, Seelenstärke und Unternehmungsgeist (vgl. a.a.O., 368). Seine Wesensart ist auf »Freiheit, Aktivität, Selbstbestimmung und Selbstwerdung« angelegt (a.a.O., 368). Die Deutungen von Janusz Korczak basieren auf Beobachtungen einzelner Kinder in verschiedenen Sozialisationsumgebungen (vgl., a.a.O., 364). Voraussetzung dafür, ein Kind kennenzulernen, ist das liebevolle Nahesein. »Je näher (…) der Erzieher dem Kind sein wird, umso mehr bemerkenswerte Eigenschaften wird er in ihm entdecken« (Korczak, zitiert nach Ungermann 2006, 366). Die einzigartige Individualität eines jeden Kindes erlaubt keine Entwicklungsprognosen.

»Wann sollte das Kind laufen lernen und sprechen? Dann, wenn es läuft und spricht. (…) Aber wir wissen doch, wann das im Allgemeinen stattfindet. In jeder populärwissenschaftlichen Broschüre finden sich, aus Handbüchern abgeschrieben, diese kleinen Wahrheiten, die für die meisten Kinder gelten; für dein eigenes Kind haben sie aber möglicherweise gar keine Gültigkeit« (ebd.)

Diesen kleinen Wahrheiten steht die große Wahrheit der »naturgegebenen, individuellen Bestimmung« des Menschen gegenüber (vgl. ebd.). Das aus der Erwachsenenperspektive gewonnene Bild vom Kind versucht Janusz Korczak um die Sicht des Kindes zu ergänzen.

> »In unserem Denken sind die Bilder verblichen und ausgefranst, die Gefühle glanzlos und verstaubt. Das Kind denkt mit dem Gefühl, nicht mit dem Intellekt. Deshalb ist es schwer, sich mit Kindern zu verständigen, und es gibt keine schwierigere Kunst, als Kinder anzusprechen« (Korczak zitiert nach Stähling 2011, 113).

Seine Schriften sind durch eine Art pädagogisch-literarischen Perspektivenwechsel gekennzeichnet (vgl. a.a.O., 368). Während er dem Erwachsenen mehr Erfahrungsreichtum zuschreibt, interpretiert er das Kind als reicher an Gefühlen (vgl. ebd.).

> »Das Gesamtwerk Korczaks lässt sich in diesem Zusammenhang deuten als Dokument seiner Bemühungen, der Gleichheit der Kinder als Menschen und der Besonderheit von Kindern als Kinder gesellschaftliche Geltung zu verschaffen« (a. a. O., 369).

Für Janusz Korczak sind Kinder die gesellschaftlichen Hoffnungsträger. Kinder haben eine Vorahnung von besseren Zeiten, eine Vorahnung vom »Frühling« (a.a.O., 370). Zu deren Realisierung gehört jedoch eine neu gedachte Pädagogik, die die Chance auf veränderte Entwicklungsbedingungen für das Aufwachsen von Kindern birgt (vgl. ebd.).

Maria Montessori (1870 – 1952)

In den Augen von Maria Montessori ist ein Kind ein »eigenständiges Subjekt mit angeborener Aktivität, mit der es nach Selbständigkeit und Freiheit (…) strebt« (Kron 2009, 26). Das Kind trägt einen Entwicklungsplan in sich, der auf sensiblen Perioden basiert und biologische, soziale und psychische Reifeprozesse beinhaltet. Innerhalb dieser Phasen ist das Kind besonders empfänglich für Lernangebote (vgl. ebd.).

Maria Montessori arbeitete als Ärztin in Rom und widmete sich zuerst Kindern mit geistiger Behinderung. Später erprobte sie ihren Ansatz eines individuellen, selbsttätigen, sinn- und handlungsorientierten Lernens auch in der Arbeit mit sozial benachteiligten Kindern. Sie übertrug ihn danach auf die Arbeit mit allen Kindern (vgl. Platte 2005, 143). Maria Montessori betont

> »die wahre lebendige und dynamisch schöpferische Kraft der Kinder blieb über die Jahrtausende unbekannt. So wie der Mensch in den ver-

Das Bild vom Kind

gangenen Zeiten über die Erde schritt und später deren Oberfläche bebaute, ohne sich um die riesigen Reichtümer zu kümmern, die in ihren Tiefen versteckt liegen, so schreitet der moderne Mensch in der Kultur voran, ohne die Schätze, die versteckt in der psychischen Welt des Kindes ruhen, zu erkennen« (Montessori, zitiert nach Platte 2005, 144).

Sie geht davon aus, dass das Kind selbst den Weg findet, der seinem Potenzial an Entwicklung entspricht. Sie dokumentiert damit ein wegweisendes Zutrauen in das Expertenwissen von Kindern als Orientierung für die inklusive Definition des Bildes vom Kind.

Célestin Freinet (1896 – 1966)

Célestin Freinet stellt die forschende und entdeckende Motivation des Menschen in den Mittelpunkt der pädagogischen Erkenntnislehre. Er plädiert für eine Reform der Pädagog/innenrolle. Lehrende werden zu Lernenden und wenden sich vom Lernstoff dem Kind zu.

»Wie die Entdeckung des Kopernikus, dass sich nicht die Sonne um die Erde, sondern die Erde um die Sonne dreht, das Denken und Tun der Menschen grundlegend verändert hat, so verändert die Neubestimmung der Beziehung zwischen Kind und Stoff Lehrersein grundlegend« (Hänsel zitiert nach Platte 2005, 154).

Er beschreibt das Individuum als »aktiven Konstrukteur seiner eigenen Reflexe, seiner Lebensregeln und Lebenstechniken« (Kock zitiert nach Platte 2005, 154).

Die kontinuierliche Auseinandersetzung mit der Umwelt und der eigenen Person erreicht das Kind durch Erfahrungen auf der Grundlage fortwährenden Tastens (vgl. a.a.O., 155). Das Kind setzt »experimentelles Tasten ein, um ein vitales Problem zu lösen«, wobei es ungeplant unterschiedliche Klärungen probiert (a.a.O., 154). Führt das Tasten zum Erfolg, werden Wiederholungen angeregt (vgl. ebd.). Freinet postuliert, ausgehend von den Wirklichkeitskonstruktionen der jeweiligen Kinder und deren Wissen

»(...) die Vielfalt der Kinderwelten; die Vielfalt der Lebensauffassungen und Kulturen – nicht im Sinne eines Pluralismus der Oberflächenverbundenheit, sondern lebenserobernd mit einem mehrperspektivischen Blick auf Wirklichkeit, lebensbewahrend unter den Aspekten: sozial gerecht und friedensfähig, leben-weitergebend mit dem Blick auf Erhaltung des Lebens und auf diesen Globus überhaupt« (Kock zitiert nach Platte 2005, 156).

Pädagog/innen begegnen Kindern auf der Ebene »Sich-mit-Kindern-fragend-auf-den-Weg-machen« (Wekl/Odenmatt zitiert nach Platte 2005, 156). Sie gestalten Entwicklung im forschenden aktiv sein und im sich öffnen (vgl. ebd.).

Forscher/in F. lädt »Sich-mit-Kindern-fragend-auf-den-Weg-machende« Erwachsene zu einer Debatte über Veränderungsimpulse, die zukünftige Gestaltung der inklusiven Bildungslandschaft, ein. Im Interview erklärt er

Abbildung 4: Draußenschule Forscher/in F.

»also man soll auf jeden Fall mal rausgehen können, das ist wichtig, und man soll schon was lernen, aber halt auch mit Spass, und nicht dass das dann langweilig ist. Wichtig ist auch die Cafeteria, dass man was essen kann, mit allen Sachen die es halt gibt (…). Ohne Essen kann man nicht schaffen. Und die kleinen Striche sind das Labor, wo man Sachen zusammen mixen kann, wo man experimentieren kann. Da kann man neue Sachen rausfinden. Und alle kennen da hinein. Es gibt ja keine Treppe« (Forscher/in F., zitiert nach Conrad 2013).

Das folgende Zitat leitet zu Annahmen über das Bild vom Kind in der Reggiopädagogik weiter, die vorwiegend im Bereich der Kindertageseinrichtungen verortet ist.

»Die Praxis zeigt, dass Kinder erbitterte Feinde der Langeweile, der vom Baum gefallenen Kokosnüsse und solcher Hände und Gehirne sind, die sich allein nach den vorgeschriebenen Rhythmen bewegen. Kinder sind eine Art Wünschelrutengänger oder besser noch, Vollzeitforscher, unermüdliche Veränderer von Aktionsabläufen, Ideen und Theorien, denn dies ist die bevorzugte Art, zu lernen, die Welt und das Leben zu erobern« (Malaguzzi 2002a, 24).

Reggiopädagogik

Kinder aus der norditalienischen Stadt Reggio Emilia drücken 1984 in einer Ausstellung ihrer Werke – Das Auge schläft, bis es der Geist mit einer Frage weckt – die Botschaft vom »reichen Bild vom Kind aus« (Filippini, zitiert nach Dreier 1994, 111). Die Frage, welche Ziele in Reggio Emilia

Das Bild vom Kind

Kindererziehung ausmachen sollen, entstand nach dem zweiten Weltkrieg. »Erziehung zu Demokratie, sozialer Gerechtigkeit und Solidarität« steht im »asilo del populo«, dem Volkskindergarten zum Aufbau einer neuen Gesellschaft im Vordergrund (Dreier 2006, 62). Die Verantwortung dafür trägt bis heute eine Gemeinschaft, die »gestione sociale«, an deren demokratischer Struktur Kinder, Eltern, Erzieher/innen und Bürger/innen gemeinsam beteiligt sind (vgl. ebd. 62f).

»Die Erziehung von Kindern ist eine Sache der Familien, der öffentlichen Einrichtungen und der Gesellschaft. Als solche fordert sie Solidarität und gemeinschaftliche Antworten, die über rein individuelle hinausgehen« (Malaguzzi, zitiert nach Dreier 2006).

Der basisdemokratische Blick auf den Erziehungsauftrag und der daraus resultierende Wert des Lebens in der Gemeinschaft fördern den Dialog unterschiedlicher Rollen, verschiedener Kulturen und Ideen. Die Gemeinschaft, geleitet von genossenschaftlichen und demokratischen Traditionen, die politische, soziale und ökonomische Anteile der Gesellschaft einschließt, wird als Ressource zur Gestaltung der Bildungslandschaft gesehen (vgl. a.a.O., 59). Im Sinne des reggianischen Denkens ist das Bild vom Kind nicht starr, sondern in stetiger Veränderung. Es schließt die noch unerforschten Möglichkeiten des Kindes ein (vgl. Dreier 2006, 80). Das Baumaterial der persönlichen Identitätsentwicklung beziehen die Kinder aus Interaktionen mit Individuen und Dingen ihrer Umgebung (vgl. Malaguzzi 2002a/b).

»Kinder sind – ebenso wie Dichter, Musiker und Naturwissenschaftler – eifrige Forscher und Gestalter. Sie besitzen die Kunst des Forschens und sind sehr empfänglich für den Genuss, den das Erstaunen bereitet. Unsere Aufgabe besteht darin, den Kindern bei ihrer Auseinandersetzung mit der Welt zu helfen, wobei all ihre Fähigkeiten, Kräfte und Ausdrucksweisen eingesetzt werden (Malaguzzi, zitiert nach Dreier 2006, 79).

Im reggianischen Bild vom Kind gibt es durch die Anerkennung des Weltwissens der Kinder und ihre vielfältigen Ausdrücke bezüglich der sie umgebenden Wirklichkeiten, keine generierte Vorstellung von Normalität.

Georg Feuser bekräftigt in einer Diskussion zum Dokumentarfilm »Wann kommen denn endlich die behinderten Kinder?« das Bild der vorgestellten reformpädagogischen Schulen. Er geht davon aus, dass es innerhalb der integrativen und inklusiven Debatte wichtig ist, sich von einem Menschenbild zu verabschieden, das den Menschen nach äußeren Kriterien abstempelt. Stattdessen betont er die Bedeutung eines Blickwinkels, der die Welt aus der Sicht der Kinder aufnimmt (vgl. Henkel/Rank 2003).

Eine Untersuchung aus der Kinderperspektive

Schüler/innen, Reformpädagog/innen und Wissenschaftler/innen liefern Argumente, weshalb das Wissen der Kinder als Ressource in der Organisation inklusiver Bildungsorte eine wesentliche Rolle spielen muss. Sie halten ein Plädoyer für die Kompetenz der Kinder und widersprechen denjenigen Erwachsenen, die Kinder schlichtweg unterschätzen. Aufgeführte reformpädagogische Erkenntnisse und Aussagen der Kinder spiegeln die Nähe zu Loris Malaguzzi wieder. Er fordert Erwachsene dazu auf, den Kindern ins Gesicht und in die Augen zu schauen und ihre Hände zu beobachten, wenn sie etwas von ihrer Sprache verstehen wollen. Denn dort entstehen die Wörter, Handlungen und Gefühle, der Sinn all ihres Tuns (vgl. Jobst 2007, 62). Er beschreibt ihre Ausdrucksvielfalt als »die metaphorische Ironie, logisch und magisch zugleich, ein Geschenk der Götter und zudem eine Sprache, die vor allem von den Kindern selbst bevorzugt wird« (Malaguzzi 2002a, 28).

Im folgenden Kapitel werden unter der Überschrift Kinderpanorama die Stimmen der Kinder noch deutlicher und klarer erklingen.

10.2 Das Kinderpanorama

Die Frage nach Elementen inklusiver Bildungsqualität wird in der kommenden Passage konsequent durch das Expertenwissen der Kinder beantwortet. Die Stimmen der Kinder werden durch ihre Bilder und durch Interviewergebnisse sichtbar.

Zunächst folgen weitere Vorstellungen von Traumschulen einerseits und Kindergartenchef/innen andererseits. Die Vorstellungen der Forscher/innen sind »vielfältig und stellen einen Bezug zu menschlichen Grundbedürfnissen im Sinne von Selbstwirksamkeit her« (ebd.).

Räume für Bewegung, Lernen, Ruhe, Musik, Theater, Kunst und Verköstigung werden von den Forscher/innen verbunden mit Barrierefreiheit, Medien, Spaß und Spiel, Hilfe und Unterstützung, Kommunikation und Gender (vgl. GEW 2011, 10).

Zentrale Themen der Interviews schaffen eine Verbindung zur inklusiven Werteblume von Tony Booth (vgl. GEW 2011, 11).

Er legt sie dem von ihm, Mel Aiscow und Denise Kingston entwi-

Abbildung 5: SCHULE FÜR ALLE
Forscher/in S.

Das Kinderpanorama

ckelten Qualitätsentwicklungsinstrument *Index für Inklusion* zugrunde. Tony Booth, Mel Aiscow und Denise Kingston (2006) schlagen *darin* »eine Systematik vor, die in drei Dimensionen, sechs Bereichen, 44 Indikatoren und 560 Fragen eine immer detailliertere Betrachtung der Situation einer Schule ermöglicht« (Boban/Netti 2011, 111).

Parallelen zu Qualitätsmerkmalen der Werteblume bestehend aus Gemeinschaft, Gleichbehandlung, Teilhabe, Nachhaltigkeit, Gleichberechtigung, Mitgefühl, Anerkennung von Vielfalt, Freude, Freiheit, Erfolg und Integrität verdeutlichen die Forscher/innen in ihren Interviewbeiträgen (vgl. Conrad 2013, 11).

Forscher/in C. skizziert,

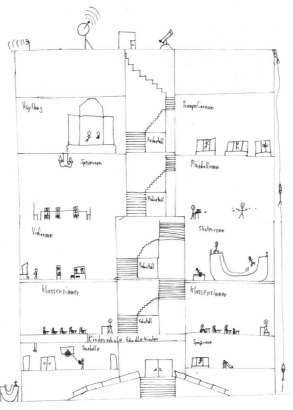

Abbildung 6: Traumschule Forscher/in C.

Eine Untersuchung aus der Kinderperspektive

> »und dann hab' ich halt so einen Spaßraum gemacht und einen Videoraum, kann man also Playstation spielen oder so und für behinderte Kinder, die halt im Rollstuhl sind, können dann oben auf dem Dach so ins Weltall gucken, z.B. auch als Projekt. Da hab ich dann noch so eine Hüpfburg. Das ist auch noch ein Spaßraum, vielleicht für kleinere Kinder, weil die hüpfen ja gern, dann noch ein Trampolinraum, ein Paintball-raum [...]. Da ist auch noch eine Turnhalle. Ja und dann so an der Seite, ich weiß nicht wie ich draufgekommen bin, aber da kann man halt das Haus hochklettern, aber mit Sicherung halt und so, damit man nicht runterfällt, da wird man halt so wie getragen« (Forscher C. zitiert nach Conrad 2013, 12).

In den Aussagen spiegeln sich die Werte Freude, Mitgefühl, Teilhabe und Anerkennung von Vielfalt (vgl. ebd.).

Forscher/in B. erklärte, dass Menschen mit Behinderungen besondere Leute sind. Sie bezog ihre Aussage auf Verpackungen mit Blindenschrift, die nur von Menschen gelesen werden können, die blind sind. Forscher/in B. konstatierte »das ist etwas ganz Besonderes« (Forscher/in B. zitiert nach Conrad a.a.O., 13).

Sie erklärt weiter

> »warum sollten die Behinderten und die normalen Leute nicht zusammen schlafen. Wär' doch besser, weil dann könnte der normale Mensch z.B. dem Blinden sagen, du läufst fast gegen die Tür. Hier musst Du aber rechts rum« (Forscher/in B., zitiert nach Conrad, ebd.).

Forscher/in B zieht eine Parallele zur Anerkennung von Vielfalt, Gleichstellung und Teilhabe. Forscher/in J. beschäftigt sich mit inklusiven Qualitätsgrundsätzen wie Gemeinschaft, Mitgefühl und Gleichbehandlung.

> »Ja, das ist genau wie die Anderen, man darf die Behinderten nicht beleidigen, man darf sie nicht einfach nur, man darf sie nicht so behandeln damit, dass sie sich fühlen, als ob sie wirklich ganz anders sind und als ob sie sich em ganz klein und fühlen, als ob sie nicht zu den Anderen gehören. Als ob sie ganz dumm sind und nur emh, dass sie nicht zu den Anderen passen, nur weil sie das nicht können« (Forscher/in J., zitiert nach Conrad, 2013, ebd.).

Forscher/in A. deutet im Erdgeschoss ihrer Schule Erholungsmöglichkeiten an. Im Dachgeschoss zeigt sie das Zimmer für Hilfe und Unterstützung. Insbesondere erklärt sie, wie in ihrer Schule die Trennung zwischen Lernen, Spaß und Spiel aufgebaut ist.

Das Kinderpanorama

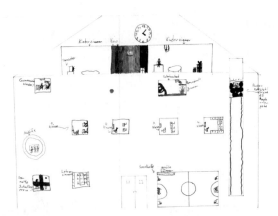

Abbildung 7: Traumschule
   Forscher/in J.

Abbildung 8: Schule für Insgesamtkinder
   Forscher/in A.

Eine Untersuchung aus der Kinderperspektive

»Ja, morgens gehen die meisten Kinder in den Ausruhraum, da kann man nämlich noch en bisschen schlafen nämlich, da gibt's ne Schlafstunde, da wird, da werden die mit leiser Musik aufgeweckt und gehen dann für eine Stunde da rein, in den Lernraum, dann dürfen sie in den Kinoraum oder in den Schwimmbadraum und dann müssen sie noch eine Stunde da rein und dann ist es egal wo sie hingehen. Sie müssen zwei Stunden am Tag in den Lernraum, das ist ehm eine Regel halt, das müssen alle machen. Das schreiben die Lehrer dann auf« (Forscher/in A., zitiert nach Conrad, 2013, 14).

Reinhard Stähling, Leiter der Schule Berg Fidel in Münster, berichtet von Parallelen:

»als wir in der Grundschule Berg Fidel Schüler aller Jahrgänge danach befragten, was sie in der Schule unbedingt lernen und woran sie gerne arbeiten wollten, bekamen wir auf Zetteln ungefähr die Antworten, die Tony Booth im Sinne des Index für Inklusion als Unterrichtsinhalte zusammengestellt hatte« (Stähling 2012, 124).

Eine erneute detaillierte Betrachtungsweise der Traumschulenbilder lässt eine Trennung in Räume für Lernen und Freude erkennen.

»Die Forschenden trennten in der Erörterung den Begriff Lernen vom Begriff Freude. Sie koppelten den Lernbegriff von Freude, Spaß und Spiel los. Sie verweisen im weiteren Prozess darauf, dass in ihrer Wahrnehmung, Schule als Lernort wenig Vereinbarung findet mit Schule als Lebensort« (Conrad, a. a. O., 15).

In einer Schule, so stellten die Forscher/innen im Gruppengespräch fest, kann man nicht nur Spaß haben, sondern man muss auch etwas lernen. Sie begründeten ihre Konstruktion von Schule damit, zu viel Spaß zu haben, würde bedeuten, nicht mehr ans Lernen denken zu können. Eine der Forscher/innen könnte sich ein Buch mit Witzen vorstellen, dessen Text abgeschrieben oder auswendig gelernt wird. Ein anderer Forscher erwähnt einen Film über die Welt mit wissenschaftlichen Fragestellungen. Diese Art des Lernens hätte aber mit Schule nichts mehr zu tun (vgl. ebd.).

»Sich gegenseitig Geheimnisse erzählen, Fragen stellen, jemandem erzählen, wie man sich fühlt um möglicherweise Geborgenheit zu erfahren, wurde als möglicher Grund dafür geschildert, Zeit zu verlieren und als Folge nur einen Satz geschrieben zu haben. Lediglich aus dem häuslichen Umfeld erinnerte sich eine Forscher/in an die Situation, mit ihrer Freundin zusammen mit Spaß Englisch und Deutsch, mit Unterstützung der Mutter, zu lernen« (ebd.).

Das Kinderpanorama

Das Expertenwissen der Kinder trifft auch an diesem Punkt das Expertenwissen von Tony Booth, wenn er konstatiert,

»ein traditionelles Schulcurriculum ist ursprünglich entwickelt worden, um künstlich das Lernen in der Schule vom Leben außerhalb zu trennen. Es erfüllt eine Definition von akademischem Wissen als Wissen, das von der Erfahrung getrennt ist« (Booth zitiert nach Conrad 2013, 17).

Alle Forscher/innen geben auf der Grundlage ihres Weltwissens wichtige Hinweise für die Konzeptionierung inklusiver Qualitätsentwicklung in Bildungsinstitutionen. In der herausgearbeiteten Kerntheorie fordern sie PädagogInnen zur Beantwortung der Frage auf, wie die Konstruktionen von Lernen auf der Basis von Freude, Spaß und Spiel, orientiert an den Wirklichkeitserfahrungen der Kinder gelingen können (vgl. a.a.O., 18).

Abbildung 9: Bühnenüberwachung Forscher/in N.

Die Gedanken, Impulse und Aussagen der Forscher/innen sind dokumentierte Zeugnisse kindlicher Expertenkompetenz, wenn es darum geht, Entwicklungsressourcen inklusiver Qualität in Bildungseinrichtungen temperamentvoll, farbig, eifrig und forsch zu verlebendigen.

Weitere Zeugnisse dafür liefern die Vorschulkinder mit ihren Darstellungen von KindergartenleiterInnen, deren Kompetenzprofil sich an Wärme, Vertrauen, Sicherheit, Freude, Trauer und der Sicherstellung von Nahrungsmitteln als wichtige Orientierungswerte ausrichtet.

Forscher/in N. ist der Meinung, die KindergartenleiterIn muss die gesamte Bühne bewachen, damit sie nicht kaputt geht. Es handelt sich

Abbildung 10: Chef Forscher/in K.

um eine Singbühne. Leider sind die Kinder noch nicht da. Darüber hinaus geht Forscher/in N. davon aus, dass die KindergartenchefIn im Kindergarten wohnt und dort auch ein Bett hat. »Wenn die ChefIn schläft, kommen die Geister«, ist sie überzeugt (Forscher/in N., zitiert nach Conrad 2013).

Forscher/in K. wirft ein, »der Chef ist ein Mann. Er klettert, er holt Blätter für das Mittagessen. Er kocht Nudelsalat. Er kocht für die Kinder, für alle Kinder. Er muss noch Fieber messen können. Für alle zu beschützen brauchen die Kinder einen Chef« (Forscher/in K., zitiert nach Conrad 2013).

Abbildung 11: Kinderbewachung Forscher/in X.

»Meine Chefin ist groß. Sie hat lange Füße. Sie kann gut laufen. Sie kann essen kaufen. Sie macht eine Kinderbewachung, damit sie sich nichts brechen« (Forscher/in X., zitiert nach Conrad 2013).

Abbildung 12: Lachgesicht Forscher/in 0.

Forscher/in O. verdeutlicht, »sie soll ein Lachgesicht machen, wenn einer weint ein trauriges Gesicht« (Forscher/in O., zitiert nach Conrad 2013).

Forscher/in M. erklärt: »Hat gesagt geh Mehl kaufen und Milch, Flasche und Pflaster, weil Baby weint, weil Hunger, ist Mädchenbaby. Vorname: Hello Kitty, Nachname Chefin (Forscher/in M., zitiert nach Conrad 2013).

Abbildung 13: Hello Kitty Forscher/in M.

10.3 Zusammenfassung

Kinder verfügen, wie gezeigt werden konnte, über entwicklungsrelevantes Inklusionspotential. Die Auseinandersetzung mit der Frage, unter welchen Voraussetzungen die Stimmen der Kinder erklingen, liefert wesentliche Erkenntnisse hinsichtlich konstruktivistisch orientierter, didaktischer Konzeptionen. Anwendungsvoraussetzung ist die Kompetenz der Pädagog/in, gemessen an der ethischen Dimension ihres Menschenbildes. Zu ihrem Haltungsprofil gehören ein von Klarheit geprägtes Inklusionsbegriffsverständnis und ein konsequent gedachtes Bild vom Kind als Expert/in der eigenen Welterklärung. Darüber hinaus sind aus menschenrechtlicher Perspektive die Achtung vor der Würde des Kindes und der daraus sich ableitende Anspruch auf Wertschätzung von Vielfalt unerlässlich. Im Hinblick auf die Lernraumgestaltung ergibt sich daraus die Verantwortung der Leitung einer Bildungseinrichtung zur Herstellung demokratischer Lebensräume. Eigene Forschungen der Kinder werden dadurch für die inklusive Konzeptentwicklung basisrelevant. Die Forschungsrolle beschränkt die Kinder dabei nicht auf partizipierende Außenstehende. Vielmehr werden sie zu »Bestimmer/innen« und »Handhaber/innen« ihrer eigenen Fragen und Diskursregeln. Auf diesem Hintergrund lernen sie nicht fremdbestimmt und für objektive Zwecke. Sie lernen aus der Motivation heraus, ihre eigene Realität besser zu verstehen. Sie sind Lehrende und Lernende zugleich und stehen somit Gleichaltrigen als Adressaten ihrer Erkenntnisse näher, als Erwachsene dazu in der Lage sind. Zur Wirkungsrealisierung inklusiver Bildungsqualität, die durch ko-konstruktive Lernsettings entsteht, ist es notwendig, dass Erwachsene ihre Vor(macht)stellung aufgeben. Um auf einer Stufe mit allen Platz zu nehmen, müssen sie einen Schritt zurückgehen. »To ensure an inclusive education system at all levels and lifelong learning« bedeutet gemessen am Ergebnis des vorgestellten Kapitels nicht nur, dass alle Kinder ohne Ausnahme in Kindergarten oder Schule willkommen geheißen werden, sondern präzisiert darüber hinaus die Forderung nach Anerkennung der Altersheterogenität der Teilnehmenden in vorschulischen und schulischen Lernarrangements. Insbesondere die Wertschätzung der Unterschiede zwischen Weltkonstruktionen von Kindern und Erwachsenen ergeben neue Lernressourcen, die schon reformpädagogische Vordenker aufzeigten. Sie besitzen heute nach wie vor Aktualität. Die vorliegende von Leichtigkeit geprägte Vernetzung kindlicher Forschungspotentiale mit wissenschaftlichen Erkenntnissen macht deutlich, dass der Sturm der Begeisterung ein angeborenes Talent der Kinder ist, das sie in die Lage von Treibstoffentwicklern versetzt, die Suchprozesse für neue Erkenntnisse und

Eine Untersuchung aus der Kinderperspektive

Entdeckungen initiieren. Davon profitieren erwachsene Forscher/innen maßgeblich. Außerdem ist es auf dem Weg inklusiver Schulentwicklung notwendig, administrative Bremsen zu überwinden. Dafür braucht es Mut, Antrieb und Entschlossenheit möglichst vieler Menschen. Die Partizipation der Kinder, um die es im Ursprung geht, und ihr individuelles Expertenwissen helfen uns Erwachsenen dabei. Kinder und Erwachsene in ihrer Verschiedenheit komponieren selbsttätig (oder darf ich sagen traumhaft), die einzigartige individuelle Melodie der jeweiligen Institution, in der jede/r nicht erst einen Platz finden muss, sondern bereits von vornherein hat.

Abbildung 14: Lachende Kinder
    Forscher/in E.

»*Nur Kinder wissen, was Kinder wollen*«
(Hannah, 12 Jahre, Kinderbürgermeisterin in Moers/NRW zitiert nach Liebel 2009, 63).

Literaturverzeichnis

ActionAid International/Tomaševski, Katarina (2008): Visualising the 4 As. In: Right to Education project – promoting mobilization and legal accountability. Project in Partnership with the Global Campaign for Education and Amnesty International, Save the Children and Human Rights Watch. Website. http://www.right-to-education.org/node/231, am 20. Mai 2013.

Adams, Daniela/Hafemann, Anna/Paries, Gabriele/Schwan, Domenico (2007): Rechtliche und formale Grundlagen. In: Institut für Kinder- und Jugendhilfe (Hrsg.): Quint. Integrative Prozesse in Kitas qualitativ begleiten. Handbuch. 1. Auflage. München: Carl Link, 142-152.

Albers, Timm (2011): Mittendrin statt nur dabei. Inklusion in Krippe und Kindergarten. München/Basel: Ernst Reinhardt Verlag.

Alt, Christian/Gloger-Tippelt, Gabriele (2008): Persönlichkeitsentwicklung und Sozialstruktur. Überlegungen zu einer modernen Kindheitsforschung. In: Alt, Christian (Hrsg.): Kinderleben – Individuelle Entwicklungen in sozialen Kontexten. Band 5: Persönlichkeitsstrukturen und ihre Folgen. Wiesbaden: VS Verlag für Sozialwissenschaften, S. 8-26.

Autorengruppe Bildungsberichterstattung (2012): Bildung in Deutschland 2012. Ein indikatorengestützter Bericht mit einer Analyse zur kulturellen Bildung im Lebenslauf. Bildungsbeteiligung von Kindern in Tageseinrichtungen und Tagespflege. http://www.bildungsbericht.de/daten2012/bb_2012.pdf, am 15.05.2013.

Bartsch, Barbara (2013): Kommentare zur inklusionsorientierten Kooperation zwischen Kindertageseinrichtung und Schule. Interview vom 10.01.13. Würzburg: Ganztagsschule Heuchelhof.

Becker-Stoll, Fabienne (2009): Einführung in die Entwicklungs- und Sozialisationstheorien. Studienbrief Modul O1. Fulda.

Bergs-Winkels, Dagmar (2010): Zum Bedeutungsgewinn frühkindlicher Bildung. In: Geiger, Gunter/Spindler, Anna (Hrsg.): Frühkindliche Bildung. Von der Notwendigkeit frühkindlicher Bildung zum Thema machen. Opladen u.a.: Budrich, 25-27.

Bertelsmann Stiftung/Bock-Famulla/Lange (2013): Ländermonitor Frühkindliche Bildungssysteme. Pädagogisches Personal in Kitas – Qualifikationsniveaus in der Eingliederungshilfe (01.03.2012). Gütersloh: Bertelsmann Verlag http://www.laendermonitor.de/uebersicht-grafiken/index.nc.html, am 11.01.2014.

Literaturverzeichnis

Bertelsmann Stiftung/Bock-Famulla, Kathrin/Lange, Jens (2012a): Ländermonitor Frühkindliche Bildungssysteme. Anteil der Einrichtungen, die Kinder mit Eingliederungshilfe betreuen (01.03.2012). Gütersloh: Bertelsmann Verlag http://www.laendermonitor.de/grafiken-tabellen/indikator-4c2-anteil-der-einrichtungen-die-kinder-mit-eingliederungshilfen-betreuen/indikator/42/indcat/16/indsubcat/42/index.nc.html, am 11.01.2014.

Bertelsmann Stiftung/Bock-Famulla, Kathrin/Lange, Jens (2012b): Ländermonitor Frühkindliche Bildungssysteme. Betreuung von Kindern mit (drohender) Behinderung nach Art der Einrichtung (01.03.2012) http://www.laendermonitor.de/grafiken-tabellen/indikator-4c-mit-besonderem-foerderbedarf-eingliederungshilfe/indikator/6/indcat/16/indsubcat/41/index.nc.html, am 11.01.2014.

Bertelsmann Stiftung/Bock-Famulla, Kathrin/Lange, Jens (2011): Ländermonitor Frühkindliche Bildungssysteme. Betreuung von Kindern mit (drohender) Behinderung nach Art der Einrichtung (01.03.2011) http://www.laendermonitor.de/grafiken-tabellen/indikator-4c-mit-besonderem-foerderbedarf-eingliederungshilfe/indikator/6/indcat/16/indsubcat/41/index.nc.html, am 11.01.2014.

Bertelsmann Stiftung/Bock-Famulla/Lange (2010): Ländermonitor Frühkindliche Bildungssysteme. Pädagogisches Personal in Kitas – Qualifikationsniveaus in der Eingliederungshilfe (01.03.2010). Gütersloh: Bertelsmann Verlag http://www.laendermonitor.de/uebersicht-grafiken/index.nc.html, am 11.01.2014.

Bertelsmann Stiftung/Bock-Famulla, Kathrin/Lange, Jens (2009): Ländermonitor Frühkindliche Bildungssysteme. Anteil der Einrichtungen, die Kinder mit Eingliederungshilfe betreuen (01.03.2009). Gütersloh: Bertelsmann Verlag http://www.laendermonitor.de/grafiken-tabellen/indikator-4c-mit-besonderem-foerderbedarf-eingliederungshilfe/indikator/6/indcat/16/indsubcat/41/index.nc.html, am 11.01.2014.

Blaum, Leonhard (2013): Kommentare zur inklusionsorientierten Kooperation zwischen Kindertageseinrichtung und Schule. Interview vom 10.01.13. Würzburg: Ganztagsschule Heuchelhof.

Boban, Ines/Hinz, Andreas (1998): Diagnostik für integrative Pädagogik. In: Eberwein, Hans/Knauer, Sabine (Hrsg.): Handbuch Lernprozesse verstehen. Wege einer neuen (sonder-)pädagogischen Diagnostik. Weinheim/Basel: Beltz, 151-164.

Literaturverzeichnis

Boban, Ines/Netti, Patricia (2011): Schlüsselelemente schulischer Inklusion im Rückblick einer ehemaligen SchülerIn. In: Hinz, Andreas/Körner, Ingrid/Niehoff, Ulrich (Hrsg.): Auf dem Weg zur Schule für alle. Barrieren überwinden – inklusive Pädagogik entwickeln. (2. Auflage) Marburg: Lebenshilfe-Verlag.

Bock-Famulla, Kathrin/Lange, Jens (2013): Länderreport frühkindlicher Bildungssysteme 2013, herausgegeben von der Bertelsmann Stiftung. Gütersloh: Verlag Bertelsmann Stiftung http://www.bertelsmann-stiftung.de/cps/rde/xchg/SID-EFDC2535-E1B40FCE/bst/hs.xsl/publikationen_113956.htm, am 15.05.2013.

Bock-Famulla, Kathrin/Jens Lange (2011): Länderreport frühkindlicher Bildungssysteme 2011, herausgegeben von der Bertelsmann Stiftung. Gütersloh: Verlag Bertelsmann Stiftung http://www.bertelsmannstiftung.de/cps/rde/xchg/bst/hs.xsl/publikationen_108297.htm, am 15.05.2013.

Booth, Tony (2012): Ein internationaler Blick auf inklusive Bildung: Werte für alle? In: Hinz, Andreas/Körner, Ingrid/Niehoff, Ulrich (Hrsg.): Von der Integration zur Inklusion. Grundlagen – Perspektiven – Praxis. Marburg: Lebenshilfe-Verlag, 53-73.

Booth, Tony (2010): Wie sollen wir zusammen leben? Inklusion als wertebezogener Rahmen für pädagogische Praxisentwicklung. Vortrag anlässlich der internationale Fachtagung von Kinderwelten – Bildung konsequent inklusiv, am 11. Juni 2010. in Berlin http://www.kinderwelten.net/pdf/tagung2010/06_tony_booth_vortrag_dt_mit_fotos.pdf, am 05.04.2013.

Booth, Tony/Ainscow, Mel/Kingston, Denise (2006): Index für Inklusion (Tageseinrichtungen für Kinder) – Spiel, Lernen und Partizipation in der inklusiven Kindertageseinrichtung entwickeln. Frankfurt: Gewerkschaft Erziehung und Wissenschaft http://www.schleswig-holstein.de/IQSH/DE/FortWeiterbildung/FaecheruebergreifendeThemen/Material/Inklusionpdf__blob=publicationFile.pdf, am 05.09.2013.

Braun, Ulrich (2006): Die Zukunft der Kitas sind Familienzentren! In: Kita aktuell NRW, 02/2006, S. 31-34, online einzusehen über: Textor, Martin R. (Hrsg.) (o.J.): Kindergartenpädagogik – Online Handbuch http://www.kindergartenpaedagogik.de/1455.html, am 16.05.2013, o.S.

Bronfenbrenner, Urie (1981): Die Ökologie der menschlichen Entwicklung. Natürliche und geplante Experimente. Stuttgart: Klett-Cotta.

Literaturverzeichnis

Bude, Heinz (2011): Bildungspanik. Was unsere Gesellschaft spaltet. Bundeszentrale für politische Bildung. Schriftenreihe Band 1156. Bonn.

Bundesministerium für Arbeit und Soziales (BMAS) (2011): Übereinkommen der Vereinten Nationen über die Rechte von Menschen mit Behinderungen. Bonn: Grafischer Bereich des BMAS http://www.bmas.de/SharedDocs/Downloads/DE/PDF-Publikationen/a729-un-konvention.pdf?__blob=publicationFile, am 28.08.2013.

Bundesministerium für Bildung und Forschung (2012): Zusammenarbeit zwischen Bund und Ländern im Bereich Bildung. Website. http://www.bmbf.de/de/1263.php, am 31.08.2013.

Bundessozialhilfegesetz (1961): Bundessozialhilfegesetz. In der Fassung des Gesetzes zur Einordnung des Sozialhilferechts in das Sozialgesetzbuch vom 27. Dezember 2003 (BGBl. I S. 3022). Website. http://www.sozialgesetzbuch.de/gesetze/13/, am 01.05.2013.

Carle, Ursula (2009): Kooperation von Schule und Jugendhilfeeinrichtungen (Schulsozialarbeit). Studienbrief im BIB-Studiengang, Modul 6: Kooperation von Bildungseinrichtungen und Sozialisationsinstanzen. Fulda.

Conrad, Sigrid (2013): Die Kindperspektive von Schulen für »Insgesamtkinder«. PP2: Praxisprojekt. Fachartikel zur Aktionsforschung. Fulda.

Deutsches Institut für Menschenrechte – Monitoring-Stelle zur UN-Behindertenrechtskonvention. Webseite: http://www.institut-fuer-menschenrechte.de/de/monitoring-stelle/ueber-uns.html, am 03.09.2013.

Derman-Sparks, Loise/Olsen Edwards, Julie (2010): Anti Bias Education for Young Children and Ourselves. Washington: NAEYC Books.

Dichans, Wolfgang (1993): Der Kindergarten als Lebensraum für behinderte und nicht behinderte Kinder. 2. Auflage. Köln: Kohlhammer.

Die Senatorin für Bildung und Wissenschaft (2008): Fachschule für Sozialpädagogik. Rahmenplan Sekundarstufe II. Berufliche Schulen. Bremen: o.A.

Dorrance, Carmen (2013a): Integrierbares Kind oder kindfähige Kita?. Im Blickpunkt. In: Kita aktuell. Fachzeitschrift für Leitungen und Fachkräfte der Kindertagesbetreuung. Ausgabe: Nordrhein-Westfalen (Kita NRW). (22. Jg.) 07/08.2013, S. 174-175.

Dorrance, Carmen (2013b): Zugehörigkeit und soziale Differenz im Elementarbereich (Teil 1). Inklusion in Zeiten der Entsolidarisierung. In: Gemeinsam leben. Zeitschrift für Inklusion. (21)3/2013, S. 141-151.

Literaturverzeichnis

Dorrance, Carmen (2010): Barrierefrei vom Kindergarten in die Schule? Eine Untersuchung zur Kontinuität von Integration aus der Sicht betroffener Eltern. Bad Heilbrunn: Klinkhardt.

Dorrance, Carmen/Dannenbeck, Clemens (2011): Der Index für Inklusion – ein Weg zur inklusiven Entwicklung in Kindertagesstätten. In: Rieder-Aigner, Hildegard (Hrsg.): Zukunfts-Handbuch Kindertageseinrichtungen (inkl. CD-ROM). 2. Auflage. Regensburg: Walhalla Fachverlag.

Dreier, Annette (2006): Was tut der Wind wenn er nicht weht? Begegnungen mit Kleinkindpädagogik in Reggio Emilia. (5. Auflage). Weinheim/Basel: Beltz Verlag.

Eberwein, Hans/Knauer, Sabine (2009): Integrationspädagogik als Ansatz zur Überwindung pädagogischer Kategorisierungen und schulischer Systeme. In: Eberwein, Hans/Knauer, Sabine (Hrsg.): Handbuch Integrationspädagogik. Kinder mit und ohne Beeinträchtigung lernen gemeinsam. (7. Auflage). Weinheim/Basel: Beltz, 17-35.

Feuser, Georg (04/2012) [1984]: Gemeinsame Erziehung, Bildung und Unterrichtung behinderter und nichtbehinderter Kinder und Jugendlicher in Kindergarten und Schule. Thesen zur Allgemeinen Pädagogik (Integration/Inklusion). Zürich/Bremen: o.V. http://www.georg-feuser.com/conpresso/_data/Feuser_-_Thesen_Integration_04_2012.pdf, am 15.05.2013.

Feuser, Georg (1987): Gemeinsame Erziehung behinderter und nichtbehinderter Kinder im Kindertagesheim. Bremen: Selbstverlag Diak. Werk e.V. [Slevogtstr. 52, 28209 Bremen].

Flammer, August (2009): Entwicklungstheorien. Psychologische Theorien der menschlichen Entwicklung (4. Auflage) . Bern: Verlag Hans Huber.

Fried, Lilian/Roux, Susanna (Hrsg.) (2013): Pädagogik der frühen Kindheit. Handbuch und Nachschlagewerk (3. Auflage). Berlin: Cornelsen Scriptor.

Frühauf, Theo (2012): Von der Integration zur Inklusion – ein Überblick. In: Hinz, Andreas/Körner, Ingrid/Niehoff, Ulrich (Hrsg.): Von der Integration zur Inklusion. Grundlagen – Perspektiven – Praxis. Marburg: Lebenshilfe-Verlag, 11-32.

Fulghum, Robert (1986): All I Really Need To Know I Learned in Kindergarten. Uncommon Thoughts on Common Things. New York: Ballantine Books. In der deutschen Übersetzung erschienen 1998 als: Alles, was Du wirklich wissen musst, hast Du schon als Kind gelernt. Ungewöhnliche Betrachtungen über gewöhnliche Dinge. München: Gold-

Literaturverzeichnis

mann http://www.gluecksarchiv.de/inhalt/lebensregeln_fulghum.htm, am 05.09.2013.

GEW-Gewerkschaft Erziehung und Wissenschaft (GEW) (2011): Index für Inklusion – Spiel, Lernen und Partizipation in der inklusiven Kindertageseinrichtung entwickeln. Foliensatz zum Vortrag am 28.11.2011 http://www.gew.de/Binaries/Binary82326/Folien%20Index-Inklusion.pdf, am 28.09.2013.

GEW-Gewerkschaft Erziehung und Wissenschaft (GEW) (Hrsg.) (2006) [Orig.: Booth, Tony/Ainscow, Mel/Kingston, Denise (2006)]: Index für Inklusion (Tageseinrichtungen für Kinder). Lernen, Partizipation und Spiel in der inklusiven Kindertageseinrichtung entwickeln. Deutschsprachige Ausgabe. http://www.eenet.org.uk/resources/docs/Index%20EY%20German2.pdf, am 12.01.2014.

Gruber, Elke/Hackl, Wilfried (Hrsg.) (2013): Didaktik im Spiegel. Das Ringen um den Kern der Professionalität: Magazin erwachsenenbildung. at. Das Fachmedium für Forschung, Praxis und Diskurs. Nr. 20/2013. http://erwachsenenbildung.at/magazin/13-20/meb13-20.pdf, am 09.01.2014.

Grundgesetz für die Bundesrepublik Deutschland (GG) vom 23.05.1949, zuletzt geändert durch Art. 1 G v. 11.7.2012 I 1478 http://www.gesetze-im-internet.de/gg/art_3.html, am 05.09.2013.

Hamburger Institut für Berufliche Bildung (HIBB) (2013): Bildungsplan. Fachschule für Sozialpädagogik (FSP). Website. http://www.hibb.hamburg.de/index.php/file/download/1967?PHPSESSID=031a824fcb784e042576e7b9ab4d1408, am 03.09.2013.

Hansel, Antonius/Schneider, Ilona Katharina (2008): Bildung im Kindergarten: Förderkonzeption der Arbeitsgruppe Frühpädagogik an der Universität Rostock. Kenzig: Centaurus-Verlag.

Haug, Peter (2008): Inklusion als Herausforderung der Politik im internationalen Kontext. In: Kreuzer, Max/Ytterhus, Borgunn (Hrsg.): Dabei sein ist nicht alles. Inklusion und Zusammenleben im Kindergarten. München/Basel: Erst Reinhardt Verlag, 36-51.

Heimlich, Ulrich (2013): Kinder mit Behinderung – Anforderungen an eine inklusive Frühpädagogik. Eine Expertise der Weiterbildungsinitiative Frühpädagogische Fachkräfte (WIFF). WiFF Expertise Nr. 33. Herausgeber: Deutsches Jugendinstitut e.V. (DJI). München: Deutsches Jugendinstitut e.V. http://www.weiterbildungsinitiative.de/publikationen/details/artikel/kinder-mit-behinderung-anforderung-an-eine-inklusive-fruehpaedagogik.html, am 09.01.2014.

Heimlich, Ulrich (1995): Behinderte und nicht behinderte Kinder spielen gemeinsam. Konzept und Praxis integrativer Spielförderung. Bad Heilbrunn: Klinkhardt.

Heitmeyer, Wilhelm (2011): Rohe Bürgerlichkeit. In: Die ZEIT, vom 28.09.2011 http://www.zeit.de/2011/39/Verteilungdebatte-Klassenkampf, am 21.01.2014.

Henkel, Oswald/Rank, Ulrike (2003): Wann kommen denn endlich die behinderten Kinder (DVD).

Herm, Sabine (2012): Gemeinsam spielen, lernen und wachsen: Das Praxisbuch zur Inklusion in Kindertageseinrichtungen. 4. Auflage. Berlin: Cornelsen Scriptor.

Hinz, Alfred (2005): Interviewbeitrag. In: Kahl, Reinhard: Treibhäuser der Zukunft. Wie in Deutschland Schulen gelingen. (3 DVD mit Textbuch, 2. Auflage): Archiv der Zukunft.

Hinz, Andreas (2012): Inklusion – historische Entwicklungslinien und internationale Kontexte. In: Hinz, Andreas/Körner, Ingrid/Niehoff, Ulrich (Hrsg.): Von der Integration zur Inklusion. Grundlagen – Perspektiven – Praxis. Marburg: Lebenshilfe-Verlag, 33-52.

Hinz, Andreas (o.J.): Inklusionspädagogik. Webseite u.a. zum Index für Inklusion. http://www.inklusionspaedagogik.de/content/blogcategory/19/58/lang,de/, am 25.08.2013.

Hofinger, Karl F. (o.J.): Sozialraum und Sozialraumanalyse. In: Lebensministerium Österreich, betreut durch die ÖGUT (Hrsg.): Initiative: Partizipation & nachhaltige Entwicklung in Europa (partizipation.at) http://www.partizipation.at/sozialraum.html, am 16.05.2013.

Janssen, Rolf (2013): Einheit für die Vielfalt der Ausbildung zur Erzieherin/zum Erzieher in Deutschland. Vortrag. Fachsymposion zur Einführung von Papilio Saarbrücken, 27. September http://www.papilio.de/download/fachsymposium13-janssen-folien.pdf, am 13.01.2014.

Janssen, Rolf (2010a): Die Ausbildung Frühpädagogischer Fachkräfte an Berufsfachschulen und Fachschulen. Eine Analyse im Ländervergleich. Weiterbildungsinitiative Frühpädagogische Fachkräfte (WiFF), Projekt des Bundesministeriums für Bildung und Forschung und der Robert Bosch Stiftung in Zusammenarbeit mit dem Deutschen Jugendinstitut e.V.. Herausgeber: Deutsches Jugendinstitut e.V. (DJI). München: Deutsches Jugendinstitut e.V. (DJI) http://www.weiterbildungsinitiative.de/fileadmin/download/wiff_janssen_langfassung_final.pdf, am 14.09.2013 Kurzfassung: http://www.weiterbildungsinitiative.de/fileadmin/download/expertise_janssen_kurzfassung_final.pdf, am 14.09.2013.

Janssen, Rolf (2010b): Integration/Inklusion in den Rahmenplänen für die Ausbildung von Erzieherinnen. Tagungsbeitrag zur Tagung: Profession braucht Inklusion. Zum Selbstverständnis sozialpädagogischer Berufe in Kindertagesstätten am 29./30. Oktober 2010 in Fulda. GEW 2010. Website: http://www.gew.de/Binaries/Binary78122/Vortrag-Janssen.pdf, am 15.09.2013.

Janssen, Rolf/Zech, Detlef (2013): Länderübergreifender Lehrplan für Erzieher/innen. Ausbildung, Vereinheitlichung der Lehrpläne. In: Kita aktuell. Fachzeitschrift für Leitungen und Fachkräfte der Kindertagesbetreuung. Ausgabe: Nordrhein-Westfalen (Kita NRW). (22. Jg.) 11/2013, S. 271-273.

Jobst, Sabine (2007): Inklusive Reggio-Pädagogik. Bochum/Freiburg: projektverlag.

John, Birgit (2003): Familienbildung in Baden-Württemberg. Familienwissenschaftliche Forschungsstelle/Statistisches Landesamt Baden-Württemberg, hrsg. vom Sozialministerium Baden-Württemberg, Stuttgart: o. V http://www.statistik.baden-wuerttemberg.de/BevoelkGebiet/FaFo/Publikationen/Familienbildung_BW.pdf, am 15.05.2013.

Kahl, Reinhard (2005): Treibhäuser der Zukunft. Wie in Deutschland Schulen gelingen. (3 DVD mit Textbuch, 2. Auflage): Archiv der Zukunft.

Kasüschke, Dagmar/Fröhlich-Gildoff, Klaus (2008): Frühpädagogik heute. Herausforderung an Disziplin und Profession. Kronach: Carl Link Verlag.

Knauer, Sabine (2009): Integrationspädagogik im gesellschaftlichen Umbruch. In: Eberwein, Hans/Knauer, Sabine (Hrsg.): Handbuch Integrationspädagogik. Kinder mit und ohne Beeinträchtigung lernen gemeinsam. (7. Auflage). Weinheim/Basel: Beltz, 53-61.

Köhler, Henning (2002): War Michel aus Lönneberga aufmerksamkeitsgestört? Der ADS-Mythos und die neue Kindergeneration. Stuttgart: Freies Geistesleben.

Korsvold, Tora (2008): Der Wohlfahrtsstaat, der Kindergarten und die behinderten Kinder: Von einer unsichtbaren Kindheit zu Priorität, Teilnahme und Vielfalt. In: Kreuzer, Max/Ytterhus Borgunn (Hrsg.):

»Dabei sein ist nicht alles«. Inklusion und Zusammenleben im Kindergarten. München/Basel: Ernst Reinhardt, 92-109.

Krawitz, Rudi (1998): Der Dialog als Methode individualpädagogischer Diagnostik. In: Eberwein, Hans/Knauer, Sabine (Hrsg.): Handbuch Lernprozesse verstehen. Wege einer neuen (sonder-)pädagogischen Diagnostik. Weinheim/Basel: Beltz, 126-137.

Kron, Maria (2012): Inklusion im Elementarbereich. Denkwerkstatt. Eine Herausforderung auf verschiedenen Ebenen pädagogischer Praxis und Ausbildung. Veröffentlichung vom 06.03.2012 auf der Website der Liga der Freien Wohlfahrtspflege Rheinland Pfalz. http://www.liga-rlp.de/fileadmin/LIGA/Internet/Downloads/Dokumente/Dokumente_2012/Denkwerkstatt_4_a_-_Inklusion_im_Elementarbereich_-_Eine_Herausforderung.pdf, am 29. August 2013.

Kron, Maria (2009): Öffentliche Bildung, Betreuung und Erziehung von Kindern bis zum Schuleintritt. Die Kindertageseinrichtung. Studienbrief 05. Fulda.

Laewen, Hans-Joachim/Andres, Beate (Hrsg.) (2008): Bildung und Erziehung in der frühen Kindheit. Bausteine zum Bildungsauftrag von Kindertageseinrichtungen. Berlin u.a.: Cornelsen Scriptor.

Liebel, Manfred (2009): KINDERRECHTE – AUS KINDERSICHT. Wie Kinder weltweit zu ihrem Recht kommen. Berlin: LIT VERLAG.

Lingenauber, Sabine (2009): Bild vom Kind. In: Lingenauber, Sabine (Hrsg.): Handlexikon der Reggio-Pädagogik. (zweite Auflage). Bochum/Freiburg: projektverlag, S. 16-20.

Mähler, Claudia (2010): Diagnostik und Verhaltensbeobachtung in der frühen Kindheit. Studienbrief im BIB-Studiengang, Modul O7: Diagnostik und Beobachtung. Fulda.

Malaguzzi, Loris (2002a): Der Schatten und der Abakus der Kinder. In: Reggio Children (Hrsg.): Alles hat einen Schatten außer den Ameisen. Neuwied: Beltz Verlag, S. 24-28.

Malaguzzi, Loris (2002b): Hundert Sprachen hat das Kind. In: Reggio Children (Hrsg.): Hundert Sprachen hat das Kind. Berlin: Hermann Luchterhand Verlag GmbH Neuwied, S. 28-31.

Mand, Johannes/Veber Marcel (2008): Diagnostische Aufgaben in integrativen Einrichtungen. In: Eberwein, Hans/Mand, Johannes (Hrsg.): Integration konkret. Begründung, didaktische Konzepte, inklusive Praxis. Bad Heilbrunn: Klinkhardt Verlag, 93-106.

Literaturverzeichnis

Mayer, Marina (2010): Lernfelder in der Ausbildung von Erzieherinnen und Erziehern? Ergebnisse einer Interviewstudie mit Leitungen von Fachschulen. Weiterbildungsinitiative Frühpädagogische Fachkräfte (WiFF), Projekt des Bundesministeriums für Bildung und Forschung und der Robert Bosch Stiftung in Zusammenarbeit mit dem Deutschen Jugendinstitut e.v. Herausgeber: Deutsches Jugendinstitut e.V. (DJI). München: Deutsches Jugendinstitut e.V. (DJI).

Montag Stiftung Jugend und Gesellschaft (2011): Inklusion vor Ort: Der Kommunale Index für Inklusion – ein Praxishandbuch. Freiburg: Lambertus-Verlag.

Müller, Constance/Ranft, Melanie/Weishaupt, Harald (2010): Handbuch für Erzieherinnen zur Werte-, Demokratie- und Vielfaltförderung. Anregungen für die Arbeit in Kindertagesstätten. Halle: Friedenskreis Halle e.V.

NETZWERK ARTIKEL 3 e.V./Arnade, Sigrid (2010): UN-Behindertenrechtskonvention – Schattenübersetzung. Schattenübersetzung der korrigierten Fassung der zwischen Deutschland, Liechtenstein, Österreich und der Schweiz abgestimmten Übersetzung. Übereinkommen über die Rechte von Menschen mit Behinderungen. http://www.netzwerk-artikel-3.de/vereinte-nationen/93-international-schattenuebersetzung, am 15.05.2013.

Perras-Emmer, Barbara/Atzinger, Yvonne (o.J.): Selbstbewusstsein im Kinderalltag als ganzheitliche Basis für Prävention und Möglichkeiten der Förderung im Kindergarten. In: Textor, Martin R. (Hrsg.): Kindergartenpädagogik – Online-Handbuch, o.S. http://www.kindergartenpaedagogik.de/426.html, am 05.09.2013.

Platte, Andrea (2005): Schulische Lebens- und Lernwelten gestalten. Didaktische Fundierung inklusiver Bildungsprozesse. Münster: Verlagshaus Monsenstein und Vannerdat.

Prengel, Annedore (2010): Inklusion in der Frühpädagogik. Bildungstheoretische, empirische und pädagogische Grundlagen. Weiterbildungsinitiative Frühpädagogische Fachkräfte (WiFF). Expertise. Herausgeber: Deutsches Jugendinstitut e.V. (DJI). München: Deutsches Jugendinstitut e.V. http://www.weiterbildungsinitiative.de/uploads/media/Prengel.pdf, am 10.04.2013.

Puhr, Kirsten/Budach, Teresa (2013): Menschen mit Inklusionserfahrungen als Autor/-innen biographischer Erzählungen. In: Dorrance, Carmen/Dannenbeck, Clemens (Hrsg.): Doing Inclusion. Inklusion in einer nicht inklusiven Gesellschaft. Bad Heilbrunn: Verlag Julius Klinkhardt, S. 136-143.

Reutlinger, Christian (2009): Sozialraumorientierung in der Kinder- und Jugendhilfe – sozialgeographische Konkretisierungen. In: Deinert, Ulrich (Hrsg.): Sozialräumliche Jugendarbeit. Grundlagen, Methoden und Praxiskonzepte. Wiesbaden: VS Verlag für Sozialwissenschaften, 75-92.

Roßbach, Hans-Günther (2013): Institutionelle Übergänge in der Frühpädagogik. In: Fried, Lilian/Roux, Susanna (Hrsg.): Pädagogik der frühen Kindheit. Handbuch und Nachschlagewerk. (3. Auflage). Berlin: Cornelsen Scriptor, S. 298-310.

Roth, Xenia (2010): Handbuch Bildungs- und Erziehungspartnerschaft: Zusammenarbeit mit Eltern in der Kita. Freiburg: Herder.

Rupp, Marina/Mengel, Melanie/Smolka, Adelheid (2010): Handbuch zur Familienbildung im Rahmen der Kinder- und Jugendhilfe in Bayern. Staatsinstitut für Familienbildung an der Universität Bamberg (ifb) (Hrsg.). http://www.ifb.bayern.de/imperia/md/content/stmas/ifb/materialien/mat_2010_7.pdf, am 15.05.2013.

Sander, Alfred (2001): Von der integrativen zur inklusiven Bildung. Internationaler Stand und Konsequenzen für die sonderpädagogische Förderung in Deutschland. In: Hausotter, Annette/Boppel, Werner & Meschenmoser, Helmut (Hrsg.): Perspektiven sonderpädagogischer Förderung in Deutschland. Middlefart: European Agency, 143-164 http://bidok.uibk.ac.at/library/sander-inklusion.html, am 25.08.2013.

Sarimski, Klaus (2012): Behinderte Kinder in inklusiven Kindertagesstätten. Stuttgart: Kohlhammer.

Schäfer, Gerd E. (2005): Was ist frühkindliche Bildung? Bildung ist Lernen im Kontext. In: Schäfer, Gerd E. (Hrsg.): Bildung beginnt bei der Geburt. Ein offener Bildungsplan für Kindertageseinrichtungen in Nordrhein-Westfalen. (2. Auflage). Weinheim/Basel: Beltz, 18-21.

Schöler, Jutta (2009): Alle sind verschieden. Auf dem Weg zur Inklusion in der Schule. Weinheim und Basel: Beltz.

Schöler, Jutta (Hrsg.)/Fritzsche, Rita/Schastok, Alrun (2005): Ein Kindergarten für alle. Kinder mit und ohne Behinderung spielen und lernen gemeinsam. 2. Auflage. Berlin u.a.: Cornelsen Scriptor.

Seelig, Martin (2013): Artikel 24 der UN-Behindertenrechtskonvention als rechtliche Grundlage der inklusiven Bildung in Thüringen – ein Überblick. In: Jantowski, Andreas (Hrsg.): Thillm. 2013 (Thüringer Institut für Lehrerfortbildung, Lehrplanentwicklung und Medien) – Gemeinsam leben. Miteinander lernen. Jahrbuch. 1. Auflage. Bad Berka: Impulse 58, 111-114 https://www.schulportal-thueringen.de/web/guest/media/detail?tspi=3752, am 28.08.2013.

Seitz, Simone (2009): Mittendrin verschieden sein – inklusive Pädagogik in Kindertageseinrichtungen. Studienbrief im BIB-Studiengang, Modul 9: Integrative und inklusive Pädagogik in Kindertageseinrichtungen. Fulda.

Stähling, Reinhard (2011): »Du gehörst zu uns«. Inklusive Grundschule. Basiswissen Grundschule. Band 20. 4. Auflage. Baltmannsweiler: Schneider Verlag Hohengehren.

Stähling, Reinhard/Wenders Barbara (2012): »Das können wir hier nicht leisten«. Wie Grundschulen doch die Inklusion schaffen können. Ein Praxisbuch zum Umbau des Unterrichts. Baltmannsweiler: Schneider Verlag.

Statistisches Bundesamt (2013): Kinder und tätige Personen in Tageseinrichtungen und in öffentlich geförderter Kindertagespflege, 2012; zusammengestellt und berechnet vom Forschungsverbund DJ VTU Dortmund, Januar 2013.

Stein, Anne-Dore (2012): Die Bedeutung des Inklusionsgedankens – Dimensionen und Handlungsperspektiven. In: Hinz, Andreas/Körner, Ingrid/Niehoff, Ulrich (Hrsg.): Von der Integration zur Inklusion. Grundlagen – Perspektiven – Praxis. Marburg: Lebenshilfe-Verlag, 74–90.

Stern, André (2011): ... und ich war nie in der Schule: Geschichte eines glücklichen Kindes. Gütersloh: Zabert Sandmann.

Sulzer, Annika/Wagner, Petra (2011): Inklusion in Kindertageseinrichtungen. Qualifikationsanforderung an die Fachkräfte. Weiterbildungsinitiative Frühpädagogische Fachkräfte (WiFF), Projekt des Bundesministeriums für Bildung und Forschung und der Robert Bosch Stiftung in Zusammenarbeit mit dem Deutschen Jugendinstitut e.V.. Herausgeber: Deutsches Jugendinstitut e.V. (DJI). München: Deutsches Jugendinstitut e.V. (DJI) http://www.weiterbildungsinitiative.de/uploads/media/WiFF_Expertise_Nr._15_Annika_Sulzer_Petra_Wagner_Inklusion_in_Kindertageseinrichtungen.pdf, am 28.08.2013.

Textor, Martin R. (1999): Bildung, Erziehung, Betreuung. Aus: Unsere Jugend, 51 (12), S. 527-533; München/Basel: Ernst Reinhardt Verlag http://www.kindergartenpaedagogik.de/127.html, am 25.08.2013.

Textor, Martin R. (1998): Öffnung nach außen. In: Textor, Marin, R. (Hrsg.): Kindergartenpädagogik-Online-Handbuch. Website. Aus: Becker-Textor, I./Textor, M.R.: Der offene Kindergarten – Vielfalt der Formen. Freiburg, Basel: Verlag Herder, 2. Aufl. 1998, S. 75-106 http://www.kindergartenpaedagogik.de/791.html, am 24.04.2013.

Tietze, Wolfgang/Viernickel, Susanne (Hrsg.)/Dittrich, Irene/Grenner/Katja (2003): Pädagogische Qualität in Tageseinrichtungen für Kinder – ein nationaler Kriterienkatalog. 2. Auflage. Weinheim/Basel/Berlin: Beltz Verlag.

Ungermann, Silvia (2006): Die Pädagogik Janusz Korczaks. Gütersloh: Gütersloher Verlagshaus.

United Nations (UN) (2008) [Orig. 2006]: UN-Konvention über die Rechte von Menschen mit Behinderungen (UN-BRK). Zwischen Deutschland, Liechtenstein, Österreich und der Schweiz abgestimmte Übersetzung. Übereinkommen über die Rechte von Menschen mit Behinderungen vom 13. Dezember 2006. Quelle: Bundesgesetzblatt (BGBL) 2008 II, S. 1419 http://www.institut-fuer-menschenrechte.de/fileadmin/user_upload/PDF-Dateien/Pakte_Konventionen/CRPD_behindertenrechtskonvention/crpd_b_de.pdf, am 15.05.2013, bzw. dreisprachig: http://www.behindertenbeauftragter.de/SharedDocs/Publikationen/DE/Broschuere_UNKonvention_KK.pdf?__blob=publicationFile, am 15.05.2013.

United Nations Educational, Scientific and Cultural Organisation (2005): Guideliness for Inclusion: Ensuring Access to Education for All. Paris: UNESCO http://unesdoc.unesco.org/images/0014/001402/140224e.pdf, am 05.09.2013.

Verordnung zur Früherkennung und Frühförderung behinderter und von Behinderung bedrohter Kinder (Frühförderungsverordnung – FrühV), Frühförderungsverordnung vom 24. Juni 2003 (BGBl. I S. 998) http://www.gesetze-im-internet.de/fr_hv/BJNR099800003.html, am 27.09.2013.

Wagner, Hardy (2012): Gemeinschaft – Gedanken von Hardy Wagner vom 9. Januar 2012. Website: http://pwprojects.wordpress.com/abgeschlossene-projekte/gemeinschaft, am 14. April 2013.

Weidner, Sabine Hessisches Kultusministerium, Referat III 3, E-Mail Kontakt am 05. September 2013.

Weiterbildungsinitiative Frühpädagogische Fachkräfte (WiFF)/Deutsches Jugendinstitut e.V. (DJI) (o.J.): Ausbildung an der Berufsfachschule. Webseite: http://www.weiterbildungsinitiative.de/themen/ausbildung/berufsfachschulen.html.

Literaturverzeichnis

Welke, Antje (2012): UN-Behindertenrechtskonvention mit rechtlichen Erläuterungen. Berlin: Eigenverlag des Deutschen Vereins für öffentliche und private Fürsorge e.V.

Wocken, Hans (2013a): Das Haus der inklusiven Schule. Baustellen – Baupläne – Bausteine. 4. Auflage. Hamburg: Feldhaus.

Wocken, Hans (2013b): Das Haus der inklusiven Schule. Ansichten – Zugänge – Wege. 4. Auflage. Hamburg: Feldhaus.

Wocken, Hans (2010): Für eine Pädagogik der Vielfalt. Inklusion ist mehr als Addition. In: Hamburger Lehrerzeitung. 2010 (1-2), 37-41 http://www.hans-wocken.de, am 25.08.2013.

Zwack-Stier, Charlotte/Börner, Anne (1998): Kritik am Konzept der so genannten Teilleistungsstörungen – dargestellt an den Lernprozessen in den Bereichen Schriftsprache und Mathematik. In: Eberwein, Hans/Knauer, Sabine (Hrsg.): Handbuch Lernprozesse verstehen. Wege einer neuen (sonder-)pädagogischen Diagnostik. Weinheim/Basel: Beltz, 219-234.

Autorinnen und Autoren

**Prof. Dr.
Carmen Dorrance
(Hrsg.)**
Professorin für Integration/ Inklusion im Fachbereich Sozialwesen an der Hochschule Fulda
www.carmen.dorrance.eu
carmen@dorrance.eu

Als Grundschullehrerin verfüge ich über langjährige Praxiserfahrungen im Bereich von Frühförderung und Grundschulpädagogik. Darüber hinaus bin ich als Mutter eines inzwischen volljährigen Sohnes, der auf einen Rollstuhl angewiesen ist (er hat 2012 in einem Regelgymnasium erfolgreich das Abitur bestanden und studiert nun an der Freien Uni in Berlin), mit sämtlichen Aspekten und Problemen vertraut, die sich im Kontext von schul-, sonder- und integrationspädagogischen Fragestellungen ergeben.

Zu meinen Arbeitsschwerpunkten zählen »Pädagogik der Vielfalt« sowie bildungspolitische Fragestellungen, denen ich seit September 2012 als *Professorin für Integrations- und Inklusionspädagogik* an der Hochschule Fulda nachgehe. Davor arbeitete ich als Lehrbeauftragte an verschiedenen Hochschulen sowie als Wissenschaftliche Mitarbeiterin an der Universität Eichstätt-Ingolstadt.

Ich gehöre u.a. zum Herausgeberkreis der (peer review) Fachzeitschrift http://www.inklusion-online.net, Zeitschrift für Inklusion.

Autorinnen und Autoren

Christof Balling
Staatlich anerkannter Ergotherapeut
Studium frühkindliche inklusive Bildung (B.A.) an der Hochschule Fulda
Christof.balling@gmx.de

Als Ergotherapeut arbeitete ich 15 Jahre parallel sowohl in einer freien Praxis, als auch als Kooperationspartner in diversen Sondereinrichtungen. Im Rahmen dieser Tätigkeit konnte ich die Entwicklung und den Alltag vieler Kinder in unterschiedlichen schulischen und vorschulischen Kontexten begleiten und über Jahre hinweg verfolgen. 2005 lernte ich zudem die Integrative pädagogische Arbeit im Elementar- und Primarbereich intensiver kennen. Seitdem arbeite ich als Einzelintegrationsfachkraft in verschiedenen Kindertagesstätten und Horten im Raum Würzburg. Als Fachkraft für Integration und sprachliche Bildung bin ich seit 2012 an strukturellen Veränderungsprozessen einer Kindertagesstätte direkt beteiligt. Über Praxiserfahrung verfüge ich daher, neben der direkten Unterstützung der Kinder, vor allem in der Begleitung von Eltern und Pädagog/innen, sowie in der Zusammenarbeit mit multiprofessionellen Teams. Zudem erlebe ich als Vater zweier Töchter (beide besuch(t)en eine Grundschule mit dem Profil Inklusion), täglich Bildungs- und Entwicklungsprozesse aus innerfamiliärer Sicht.

Ein theoretisches Fundament im Bereich der inklusiven Bildung erlangte ich durch mein vierjähriges berufsbegleitendes Studium an der Hochschule Fulda, sowie durch das langjährige Mitwirken im Arbeitskreis Integration/Inklusion in Würzburg.

Autorinnen und Autoren

Julia Bastian
staatl. geprüfte Augenoptikermeisterin, Studium Frühkindliche inklusive Bildung (B.A.) im 6. Semester an der Hochschule Fulda
bastianjulia@aol.com

Im Rahmen meines Studiums zur Kindheitspädagogin absolviere ich ein studienbegleitendes Praktikum als Schulbegleiterin in einer Waldorfschule. Dadurch bin ich von Etikettierung und Stigmatisierung als Ressourcenbeschaffung umgeben. Mein Interesse gilt jedoch der Vision von Bildungsgerechtigkeit für alle Kinder, zur Entfaltung ihrer individuellen Kompetenzen und Ausgangslagen. Auch aus der Perspektive als dreifache Mutter und als Quereinsteigerin ist der wertschätzende Umgang zur Entfaltung von Verschiedenheit in unserer Gesellschaft mein großes Anliegen.

Sigrid Conrad
Erzieherin, Heilpädagogin, Gestaltpädagogin, Studium frühkindliche inklusive Bildung (B.A.) an der Hochschule Fulda
www.institut-inklusiver-Praxisentwicklung.de
IIP-Conrad@web.de

Als Erzieherin, Heilpädagogin, Dozentin und Fortbildnerin arbeite ich seit mehr als zwanzig Jahren in Kindergärten und Schulen mit dem Ziel, integrative und inklusive Bildungsorte für Kinder mit allen Beteiligten zu entwickeln und zu gestalten. Seit meinem Studium an der Hochschule in Fulda gehören Kinderrechte und die Perspektive der Kinder als Experten inklusiver Bildungsräume zu meinen Arbeitsschwerpunkten.

Autorinnen und Autoren

Sylvia Feußner
staatlich anerkannte Erzieherin, Sozialpädagogin (B.A.) in der staatlichen Anerkennung
Sylvia.Feussner712@gmail.com

Durch meine abgeschlossene Ausbildung zur staatlich anerkannten Erzieherin und durch meine Tätigkeit in einer Kindertagestätte sammelte ich bereits Erfahrungen mit den individuellen Bedürfnissen eines jeden Kindes. Nach dem abgeschlossenen Studium bin ich als Sozialpädagogin im Anerkennungsjahr im Allgemeinen Sozialen Dienst im Jugendamt beschäftigt. In meinem Berufsalltag begegne ich vielen Kindern deren Beeinträchtigungen sowohl auf endogene als auch auf exogene Ursachen zurückzuführen sind.

Zusammen mit zwei Mitstudierenden veröffentlichten wir zwei Artikel in der Fachzeitschrift »KiTa aktuell« zu dem Thema »Inklusion in der Kita – eine Untersuchung zu der Umsetzung in Hessen, Thüringen und Sachsen-Anhalt« sowie »Die Grundlagen der inklusiven Pädagogik – die Umsetzung in Hessen«.

Arne Köster
staatl. anerkannter Forstwirt, Sozialpädagoge in staatlicher Anerkennung
arnekoester84@gmail.com

In meiner Tätigkeit als Sozialpädagoge im Anerkennungsjahr in einer integrativen Kindertageseinrichtung bin ich tagtäglich mit den Herausforderungen, aber auch den Ressourcen die eine integrative und ansatzweise inklusive Bildung und Betreuung von Kindern konfrontiert.

Ich arbeitete während des Studiums als Gruppenleiter für Freizeiten mit Menschen mit und ohne Beeinträchtigungen im Familien unterstützenden Dienst.

Neben meiner Arbeit habe ich, zusammen mit zwei Kommilitoninnen, zwei Artikel in der Fachzeitschrift »KiTa aktuell« veröffentlicht.

Autorinnen und Autoren

Esther Michel
B.A. International Forest Ecosystem Management, Natursport- und Erlebnispädagogin, Studium »Frühkindliche inklusive Bildung (B.A.)« an der Hochschule Fulda
esthermichel@gmx.de

»Vielfalt zum Blühen bringen« ist das Leitmotiv meines B.A. Studiums »Frühkindliche inklusive Bildung« und auch mein persönliches Herzensanliegen.

Im Rahmen meiner Tätigkeiten in der Umweltbildung und der Kindheitspädagogik konnte ich Vielfalt als größte Ressource entdecken. Die Einzigartigkeit eines jeden Kindes wertzuschätzen und zu fördern ist daher das Ziel meiner pädagogischen Arbeit.

Alexandra Schmitt
Sozialpädagogin (B.A.) in der staatlichen Anerkennung
mail@alexandraschmitt.de

Bereits vor und während meines Studiums war ich Gruppenleiterin und habe Zeltlager betreut. Derzeit absolviere ich mein Anerkennungsjahr in der Jugendhilfe der Arbeiterwohlfahrt. Dort bin ich sowohl in der Einzelbetreuung als auch in der Einzelbetreuung mit punktuellen Gruppenanschluss tätig. In meiner Arbeit trete ich mit vielen unterschiedlichen Menschen in Kontakt.

Während des Studiums und auch im Anerkennungsjahr habe ich mit zwei Kommilitonen zwei Artikel in der Zeitschrift »KiTa aktuell« veröffentlicht. Diese hatten die Themen »Inklusion in der Kita – eine Untersuchung zu der Umsetzung in Hessen, Thüringen und Sachsen-Anhalt« und »Die Grundlagen der inklusiven Pädagogik – die Umsetzung in Hessen«.